國家珍貴古籍叢刊

元本孟子

二

（漢）趙岐 注
（宋）孫奭 音義

國家圖書館出版社

第二册目録

孟子卷第八

離婁章句下

孟子曰：舜生於諸馮，遷於負夏，卒於鳴條，東夷之人也。生始卒終，記終始也。諸馮、負夏、鳴條，皆地名，負海也，在東方夷服之地，故曰東夷之人也。文王生於岐周，卒於畢郢，西夷之人也。岐周、畢郢，地名也。岐山下周之舊邑，近畎夷，畎夷在西，故曰西夷之人也。書曰：大子發上祭于畢，下至于盟津。畢，文王墓，近於酆鎬也。地之相去也，千有餘里；世之相後也，千有餘歲，得志行乎

土地相去千有

中國若合符節。先聖後聖。其揆一也

餘里。千里以外也。舜至文王千二百歲。得志行政於中國。謂王也。如合符節。節。玉節也。周禮有六節。揆。度也。言聖人之度量同也。章指言聖人殊世。而合其道。地雖不比。由通一軌。故可以為百王法也

子產聽鄭國之政。以其乘輿濟人於溱洧

子產。鄭卿。為政。聽訟也。溱。洧。水名。見人有冬涉者。仁心不忍。以其乘車渡之也。乘音剩　溱音臻　洧榮美反

孟子曰。惠而不知為政。歲十一月徒杠成。十二月輿梁成。民未病涉也

以為子產有惠民之心。而不知為政。當以時脩橋梁。民何由病苦涉水乎。周十一月夏九

月可以成步渡之功周十二月夏十月可以成輿梁也○杠音江方橋也可通徒行人過者

君子平其政行辟人可也焉得人人而濟之故爲政者每人而悅之日亦不足矣

君子爲國家平治政事刑法使無違失其道辟除人使卑辟尊可爲也安得人人濟渡於水乎每人輒欲自加恩以悅其意則日力不足以足之也章指言重民之道平政爲首人君由天天不家撫是故子産渡人孟子不取也○辟音闢亦如字焉於虔反卑辟音避

孟子告齊宣王曰君之視臣如手足則臣視君如腹心君之視臣如犬馬則臣視君如國人君

之視臣如土芥則臣視君如寇讎芥。草芥也。臣緣君恩以爲差等。其心所執若是也王曰。禮爲舊君有服。何如斯可爲服矣宣王問禮舊臣爲舊君服喪服。問君恩何如則可爲服。○爲于僞反。下爲服。爲之。爲父。爲其。爲得。爲武。皆同曰。諫行言聽。膏澤下於民。有故而去。則君使人導之出疆。又先於其所往。去三年不反。然後收其田里。此之謂三有禮焉。如此則爲之服矣爲臣之時。諫行言從。德澤加民。若有他故。不得不行。譬如華元奔晉隨會奔秦是也。古之賢君遭此。則使人導之出境。又先至其所到之國。言其賢良。三年不反。乃收其田菜及里居也。此三者有禮。則爲之服矣今也爲臣諫則不行言則不聽膏澤不下於民有故而去則君搏執之又極之於其所往去之日遂收其田里此之謂寇讎寇讎何服之有搏執其族親也。極者。惡而困之也。遇臣若寇讎。何服之有乎。章指言君臣之道。以義爲表。以恩爲裏。表裏相應。猶若影響。舊君之服。蓋有所興。風諭宣王。勸以仁也。○搏音博極紀力反。又如字。文公無音。窮也。

孟子曰無罪而殺士則大夫可以去無罪而戮民則士可以徙惡傷其類。視其

張守中

下等。懼次及也。語曰。鳶鵲蒙害。仁鳥曾逝。此之謂也。章指言君子見幾而作。故趙殺鳴犢。孔子臨河而不濟也

孟子曰。君仁莫不仁。君義莫不義

君者一國所瞻仰以爲法。故必從之。章指言君以仁義率衆。孰不順焉。上爲下效也

孟子曰。非禮之禮。非義之義。大人弗爲

若禮而非禮。陳質娶婦而長拜之也。若義而非義。藉交報仇是也。此皆大人所不爲也。章指言禮義人之所以折中。履其正者。乃可爲中。是以大人不行疑禮

孟子曰。中也養不中。才也養不才。故人樂有賢父兄也

中者履中和之氣所生。謂之賢。才者。謂人之有俊才者。有此賢者。當以養育教誨不能。進之以善。故樂父

兄之賢。以養己也。○樂音洛。下同

如中也棄不中，才也棄不才，則賢不肖之相去，其閒不能以寸。

如使賢者棄愚。不養其所當養。則賢亦近愚矣。如此賢不肖相覺。何能分寸。明不可不相訓導也。章指言父兄已賢。子弟既頑。教而不改。乃歸自然。○覺音教。義當作校

孟子曰：人有不爲也，而後可以有爲。

人不爲苟得。乃能有讓千乘之志。章指言貴廉賤恥。乃有不爲。不爲非義。義乃可申。

孟子曰：言人之不善，當如後患何？

人之有惡。惡人言之。言之。當如後有患難及己乎。章指言好言人惡。殆非君子。故曰。不忮不求。何用不臧。○惡人。烏路反。下所惡。無惡。心惡。皆同。好呼報反。下

好之。而好。好貨。好勇。皆同

孟子曰：仲尼不爲已甚者。仲尼彈邪以正，正斯可矣。不欲其已甚，泰過也。章指言：論曰疾之已甚，亂也。故孟子譏踰牆距門者也。

孟子曰：大人者，言不必信，行不必果，惟義所在。果，能也。大人杖義，義有不得必信其言，子爲父隱也；有不能得果行其所欲行者，若親在不得以其身許友也。義或重於信，故曰惟義所在。章指言：大人之行，行其重者，不信不果，所求合義也。○行之本。行，高行。行，惡。皆同。（行）下孟反。下（行）其如字。

孟子曰：大人者，不失其赤子之心者也。大人謂君。國君視民當如赤子，不失其民心之謂也。一說曰：赤子，嬰兒也。少小之心，專一未變化，人能不失其赤子時心。則爲貞正大人也。章指言人之所愛。莫過赤子。視民則然。民懷之矣。大人之行。不過是也。**孟子曰。養生者不足以當大事。惟送死可以當大事。**孝子事親致養。未足以爲大事。送終如禮。則爲能奉大事也。章指言養生竭力。人情所勉。哀死送終。行之高者。事不違禮。可謂難矣。故謂之大事。○養生餘亮反。下養親得養皆同

孟子曰。君子深造之以道。欲其自得之也。造。致也。言君子學問之法。欲深致極竟之以知道。意欲使已得其原本。如性自有之也。○造七報反**自得之。則居之安。居之安。則資之深。資之深。則取之左右逢其原。故君子**

欲其自得之也居之安。若己所自有也。資取也。取之深則得其根也。左右取之。在所逢遇。皆知其原本也。故使君子欲自得之也。章指言學必根原。如性自得。物來能名。事來不惑。君子好之。朝益暮習。道所以臻也

孟子曰。博學而詳說之。將以反說約也博。廣。詳。悉也。廣學悉其微言而說之者。將以約說其要。意不盡知。則不能要言之也。章指言廣尋道意。詳說其事。要約至義。還反於樸。說之美者也

孟子曰。以善服人者。未有能服人者也。以善養人。然後能服天下。天下不心服而王者。未之有也以善服人之道治世。謂以威力服人者也。故人不心服。以善養

人。養之以仁恩。然後心服矣。文王治岐是也。天下不心服。何由而王也。章指言五伯服人。三王服心。其服一也。功則不同。上論堯舜。其是達乎。○（王）文公去聲

孟子曰。言無實不祥。不祥之實。蔽賢者當之。凡言皆有實。孝子之實。養親是也。善之實。仁義是也。祥。善。當。直也。不善之實何等也。蔽賢之人。直於不善之實也。章指言進賢受上賞。蔽賢蒙顯戮。故謂之不祥也。○當（直）音值。下同

徐子曰。仲尼亟稱於水曰。水哉水哉。何取於水也。徐子。徐辟也。問仲尼何取於水而稱之也。○（亟）去吏反（辟）音壁。又音闢

孟子曰。原泉混混。不舍晝夜。盈科而後進。放乎四海。有

本者如是是之取爾言水不舍晝夜而進盈滿科坎。放至也。至於四海者。有原本也。以況於事有本者皆如是是之取也。○舍音捨　放方往反苟爲無本七八月之閒雨集溝澮皆盈其涸也可立而待也苟。誠也。誠令無本。若周七八月。夏五六月。天之大雨。潦水卒集。大溝小澮皆滿。然其涸乾可立待者。無本之故也。○澮古外反　涸下各反故聲聞過情。君子恥之人無本行。暴得善聲。令聞過其情。若潦水不能久也。故君子恥之。章指言有本不竭。無本則涸。虛聲過實。君子恥諸。是以仲尼在川上曰。逝者如斯。○聞音問

孟子曰人之所以異於禽獸者幾希。庶民去

之君子存之幾希，無幾也。知義與不知義之間耳。衆民去義，君子存義也。舜明於庶物，察於人倫，由仁義行，非行仁義也。倫，序。察，識也。舜明庶物之情，識人事之序，仁義生於內，由其中而行，非彊力行仁義也。故道性善，言必稱堯舜。章指言人與禽獸俱含天氣，就利辟害，其間不希，衆人皆然，君子則否，聖人超絕，識仁義之生於己也。孟子曰：禹惡旨酒而好善言。旨酒，美酒也。儀狄作酒，禹飲而甘之，遂疏儀狄而絕旨酒。書曰：禹拜讜言。○惡好竝去聲。湯執中，立賢無方。執中正之道，惟賢速立之，不問其從何方來，舉伊尹以爲相也。文王視民如傷，望道而未之見。視民

如傷者。雍容不動擾也。望道而未至。殷錄未盡。尚有賢臣。道未得至。故望而不致誅於紂也。○而文公讀爲如

武王不泄邇。不忘遠。泄。狎。邇。近也。不泄狎近賢。不遺忘遠善。近。謂朝臣。遠。謂諸侯也。

周公思兼三王。以施四事。其有不合者。仰而思之。夜以繼日。幸而得之。坐以待旦。三王。三代之王也。四事。禹湯文武所行事也。不合。己行有不合。世。仰而思之。參諸天也。坐而待旦。言欲急施之也。章指言周公能思三王之道。以輔成王。太平之隆。禮樂之備。蓋由此也。

孟子曰。王者之迹熄而詩亡。詩亡。然後春秋作。王者。謂聖王也。太平道衰。王迹止熄。頌聲不作。故詩亡。春

秋撥亂作於衰世也○熄與息同

晉之乘楚之檮杌魯之春秋一也其事則齊桓晉文其文則史孔子曰其義則丘竊取之矣

此三大國史記之名異乘者興於田賦乘馬之事因以爲名檮杌者嚚凶之類興於記惡之戒因以爲名春秋以二始舉四時記萬事之名其事則五伯所理也桓文五伯之盛者故舉之其文史記之文也孔子自謂竊取之以爲素王也孔子人臣不受君命私作之故言竊亦聖人之謙辭章指言詩可以言頌詠大平時無所詠春秋乃興假史記之文孔子正之以匡邪也○乘音剩云晉名春秋爲乘者取其善惡無不載檮音逃杌音兀惡獸名也楚謂春秋爲檮杌者狀記惡而興善也

孟

子曰。君子之澤。五世而斬。小人之澤。五世而斬。澤者滋潤之澤。大德大凶。流及後世。自高祖至玄孫。善惡之氣乃斷。故曰五世而斬。

予未得爲孔子徒也。予私淑諸人也。予。我也。我未得爲孔子門徒也。淑。善也。我私善之於賢人耳。恨不得學於大聖也。章指言五世一體。上下通流。君子小人。斬各有時。企以高山。跌以陷汙。是以孟子恨不及乎仲尼也。

孟子曰。可以取。可以無取。取傷廉。可以與。可以無與。與傷惠。可以死。可以無死。死傷勇。三者皆謂事可出入。不至違義。但傷此名。亦不陷於惡也。章指言廉。惠。勇。人之高行也。喪此三名。列士病諸。故設斯科。以進能者也。逢蒙學射於羿。盡羿之道。思天下惟羿爲愈己。於是殺羿。羿有窮后羿。逢蒙羿之家衆也。春秋傳曰。羿將歸自田。家衆殺之。◯逢薄江反孟子曰。是亦羿有罪焉。罪。羿不擇人也。故以下事喻之公明儀曰。宜若無罪焉。曰。薄乎云爾。惡得無罪。鄭人使子濯孺子侵衞。衞使庾公之斯追之。子濯孺子曰。今日我疾作。不可以執弓。吾死矣夫。孺子。鄭大夫。庾公。衞大夫。疾作。瘧疾。◯惡音烏問其僕曰。追我者誰也。其僕曰。庾公之斯也曰吾生矣（僕御也孺子曰吾必生矣）其僕曰庾公之斯衞之善射者也夫子曰吾生何謂也曰庾公之斯學射於尹公之他尹公之他學射於我夫尹公之他端人也其取友必端矣（端人用心不邪辟知我是其道本所出必不害我也○他徒河反）庾公之斯至曰夫子何爲不執弓曰今日我疾作不可以執弓曰小人學射於尹公之他尹公之他學射於夫子我不忍以夫子之道反害夫子雖然今

日之事君事也。我不敢廢。抽矢叩輪。去其金。發乘矢而後反。庾公之斯至。竟如孺子之所言。而曰我不敢廢君事。故叩輪去鏃。使不害人。乃以射孺子。禮射四發而去。乘。四也。詩云。四矢反兮。孟子言是以明羿之罪。假使如子濯孺子之得尹公之他而教之。何由有逢蒙之禍。章指言求交取友。必得其人。得善以全。養凶獲患。是故子濯濟難。夷羿以殘。可以鑒也。○(去)文公上聲(乘)音剩

孟子曰。西子蒙不潔。則人皆掩鼻而過之。西子。古之好女西施也。蒙不潔。以不潔汙巾帽而蒙其頭也。面雖好。以蒙不潔。人過之者皆掩鼻。懼聞其臭也。雖有惡人。齊戒沐浴。則可以祀上帝。

惡人。醜類者也。面雖醜而齋戒沐浴。自治絜淨。可以侍上帝之祀。言人當自治以仁義。乃爲善也。章指言貌好行惡。西子冒臭。醜人絜服。供事上帝。明當脩飾。惟義爲常也

孟子曰天下之言性也則故而已矣故者以利爲本 言天下萬物之情性。當順其故。則利之也。改戾其性。則失其利矣。若以杞柳爲桮棬。非杞柳之性也。〇（桮）音杯（棬）丘圓反 所惡於智者爲其鑿也 惡人欲用智而安穿鑿。不順物之性。而改道以養之。〇（惡）去聲。下同 如智者若禹之行水也則無惡於智矣禹之行水也行其所無事也 禹之用智。決江疏河。因水之性。因地之宜。引之就下。行其空虛

無事之處。如智者亦行其所無事，則智亦大矣。如用智者不妄改作。作事循理。若禹行水於無事之處。則爲大智也。天之高也，星辰之遠也，苟求其故，千歲之日至，可坐而致也。天雖高。星辰雖遠。誠能推求其故常之行。千歲日至之日。可坐知也。星辰日月之會。致。至也。知其日至在何日也。章指言能循性守故。天道可知。妄智改常。必與道乖。性命之旨也。

公行子有子之喪，右師往弔，入門，有進而與右師言者，有就右師之位而與右師言者。公行子。齊大夫也。右師。齊貴臣王驩。字子敖。公行之喪。齊卿大夫以君命會。各有位次。故下云朝廷也。與言者。皆諂於貴人也孟子不與右師言。右師不悅曰。諸君子皆與驩言。孟子獨不與驩言。是簡驩也右師謂孟子簡其無德。故不與言。是以不悅也孟子聞之曰。禮朝廷不歷位而相與言。不踰階而相揖也。我欲行禮。子敖以我爲簡。不亦異乎孟子聞子敖之言曰。我欲行禮。故不歷位而言。反以我爲簡異也。云以禮者。心惡子敖。而外順其辭也。章指言循禮而動。不合時人。阿意事貴。脅肩所尊。俗之情也。是以萬物皆流。而金石獨止

孟子曰。君子所以異於人者。以其存心也。君

子以仁存心。以禮存心。仁者愛人。有禮者敬人。愛人者人恆愛之。敬人者人恆敬之。存，在也。君子之在心者，仁與禮也。愛敬施行於人。人必反之己也。○恆，文公胡登反。有人於此。其待我以橫逆。則君子必自反也。我必不仁也。必無禮也。此物奚宜至哉。橫逆者，以暴虐之道來加我也。君子反自思省。謂己仁禮不至也。物，事也。推此人何爲以此事來加我。○橫，文公去聲。下同。其自反而仁矣。自反而有禮矣。其橫逆由是也。君子必自反也。我必不忠。君子自謂我必不忠自反而忠矣。其橫逆由是也。君子曰。此亦妄人也已矣。如此則與禽獸奚擇哉。於禽獸又何難焉。妄人。妄作之人無知者。與禽獸何擇異也。無異於禽獸。又何足難也。○難乃旦反。下難矣。其難赴難。死難。皆同是故君子有終身之憂。無一朝之患也。乃若所憂則有之。舜人也。我亦人也。舜爲法於天下。可傳於後世。我由未免爲鄉人也。是則可憂也。君子之憂。憂不如堯舜也。○由與猶同。後放此憂之如何。如舜而已矣。憂之當如之何乎。如舜而後可。故終

身憂也

若夫君子所患則亡矣。非仁無爲也。非禮無行也。如有一朝之患。則君子不患矣。君子之行。自不致患。常行仁行禮。如有一朝橫來之患。非己愆也。故君子歸天。不以爲患也。

章指言君子責己。小人不改。比之禽獸。不足難矣。蹈仁行禮。不患其患。惟不若舜。可以憂也

禹稷當平世。三過其門而不入。孔子賢之。顏子當亂世。居於陋巷。一簞食。一瓢飲。人不堪其憂。顏子不改其樂。孔子賢之。孟子曰。禹稷顏回同道。當平世三過其門者。身爲公卿。憂民急也。當亂世安陋巷者。不

用於世。窮而樂道也。孟子以爲憂民之道同。用與不用之宜若是也。故孔子俱賢之禹思天下有溺者由己溺之也稷思天下有飢者由己飢之也是以如是其急也禹稷顏子易地則皆然禹稷急民之難若是。顏子與之易地。其心亦然。不在其位。勞佚異矣今有同室之人鬬者救之雖被髮纓冠而救之可也鄉鄰有鬬者被髮纓冠而往救之則惑也雖閉戶可也纓冠者。以冠纓貫頭也。鄉鄰。同鄉也。同室相救。是其理也。喻禹稷。走赴鄉人非其事。顏子所以闔戶而高枕也。章指言上賢之士。得聖一

（槩。顏子之心。有同禹稷。時行則行。時止則止。失其節則惑矣）公都子曰：匡章通國皆稱不孝焉。夫子與之遊，又從而禮貌之。敢問何也。（匡章齊人也。一國皆稱不孝。問孟子何爲與之遊。又禮之以顏色喜悅之貌也）孟子曰：世俗所謂不孝者五。惰其四支，不顧父母之養，一不孝也；博弈好飲酒，不顧父母之養，二不孝也；好貨財，私妻子，不顧父母之養，三不孝也；從耳目之欲，以爲父母戮，四不孝也；好勇鬬很，以危父母，五不孝

離婁下

也。章子有一於是乎。惰解不作，極耳目之欲，以陷罪戮，及父母。凡此五者，人所謂不孝之行。章子豈有一事於是五不孝中也。○養，去聲，下同。從，文公去聲。很，胡懇反。

夫章子，子父責善而不相遇也。責善，朋友之道也；父子責善，賊恩之大者。遇，得也。章子子父親教，相責以善，不能相得，父逐之也。朋友切磋，乃當責善耳。父子相責以善，賊恩之大也。

夫章子，豈不欲有夫妻子母之屬哉？爲得罪於父，不得近，出妻屏子，終身不養焉。夫章子豈不欲身有夫妻之配，子有母子之屬哉？但以身得罪於父，不得近父，故出去其妻，屏遠其子，終身不爲妻子所養也○屛文公必井反其設心以爲不若是是則罪之大者是則章子已矣章子張設其心執持此屛出妻子之意以爲人得罪於父而不若是以自責罰是則罪益大矣是章子之行已矣何爲不可與言章指言匡章得罪出妻屛子上不得養下以責己衆曰不孝其實則否是以孟子禮貌之也

曾子居武城有越寇或曰寇至盍去諸盍何不也曾子居武城有越寇將來人曰寇方至何不去之曰無寓人於我室毀傷其薪木寇退則曰脩我牆屋我將反寓寄也曾子欲去戒其守人曰無寄人於我室恐其傷我薪草樹木也寇退則曰治

牆屋之壞者。我將來反。**寇退。曾子反。左右曰：待先生如此其忠且敬也。寇至則先去以爲民望。寇退則反。殆於不可。**左右相與非議曾子者。言武城邑大夫敬曾子。武城人爲曾子忠謀。勸使避寇。君臣忠敬如此。而先生寇至則先去。使百姓瞻望而效之。寇退安寧則復來還。殆不可如是。怪曾子何以行之也。**沈猶行曰：是非汝所知也。昔沈猶有負芻之禍。從先生者七十人。未有與焉。**沈猶行。曾子弟子也。行謂左右之人曰。先生之行。非汝所能知也。先生。曾子也。往者先生嘗從門徒七十人。舍吾沈猶氏。時有作亂者曰負芻。來攻沈猶氏。先生率弟子去之。不與其難。言師賓不與臣同。㊀與音豫　子思居於衛。有齊寇。或曰。寇至。盍去諸。子思曰。如伋去。君誰與守。伋。子思名也。子思欲助衛君赴難　孟子曰。曾子子思同道。曾子師也。父兄也。子思臣也。微也。曾子子思易地則皆然。孟子以爲二人同道。曾子爲武城人作師。則其父兄。故去留無毀。子思微少也。又爲臣。委質爲臣。當死難。故不去也。子思與曾子易處同然。章指言臣當營君。師有餘裕。二人處義非殊者也。是故孟子紀之。謂得其同　儲子曰。王使人瞯夫子。果有以異於人乎。儲子。齊人也。瞯。視也。果。能

也謂孟子曰王言賢者身貌必當有異故使人視夫子能有異於衆人之容乎○瞷古莧反

孟子曰何以異於人哉堯舜與人同耳人生同受法於天地之形我當何以異於人哉且堯舜之貌與凡人同耳其所以異乃以仁義之道在於內也章指言人以道殊賢愚體別頭員足方善惡如一儲子之言齊王之不達也

齊人有一妻一妾而處室者其良人出則必饜酒肉而後反其妻問所與飲食者則盡富貴也良人夫也盡富貴者夫詐言其姓名也○饜於劒反其妻告其妾曰良人出則必饜酒肉而後反問其與飲

食者盡富貴也而未嘗有顯者來吾將瞯良人之所之也（妻疑其詐故欲視其所之）蚤起施從良人之所之徧國中無與立談者卒之東郭墦閒之祭者乞其餘不足又顧而之他此其爲饜足之道也（施者邪施而行不欲使良人覺也墦間郭外冢間也乞其祭者所餘酒肉也。施音迤又音易墦燔潘二音）其妻歸告其妾曰良人者。所仰望而終身也今若此與其妾訕其良人而相泣於中庭（妻妾於中庭悲傷其良人相對涕泣而謗毀之。訕所晏反而良人未之知也。施施從外來。驕其妻妾。施施猶扁扁。喜悅之貌。以爲妻妾不知。如故驕之也。○施施如字。又音怡。文公如字。扁毗緜反

由君子觀之。則人之所以求富貴利達者。其妻妾不羞也。而不相泣者幾希矣。由。用也。用君子之道觀今求富貴者。皆以枉曲之道。昏夜乞哀而求之。以驕人於白日。由此良人爲妻妾所羞。爲所泣傷也。幾希者。言今苟求富貴。妻妾雖不羞泣者。與此良人妻妾何異也。章指言小人苟得。謂不見知。君子觀之。與正道乖。妻妾猶羞。況於國人。著以爲戒。恥之甚焉

孟子卷第八

離婁下

八徵耄念之寶
太上皇帝之寶

八徵耄念之寶
太上皇帝之寶

孟子卷第九

萬章章句上

萬章問曰：舜往于田，號泣于旻天，何爲其號泣也？問舜往至于田，何爲號泣也。謂耕於歷山之時。（號）文公平聲。孟子曰：怨慕也。言舜自怨遭父母見惡之厄而思慕也。（惡）烏路反，下同。萬章曰：父母愛之，喜而不忘；父母惡之，勞而不怨。然則舜怨乎？言孝法當不怨，如是舜何故怨。曰：長息問於公明高曰：舜往于田，則吾既得聞命矣。號泣于旻天下父母則吾不知也。公明高曰是非爾所知也長息。公明高弟子。公明高。曾子弟子。旻天。秋也。憂陰氣也。故訴于旻天。高非息之問不得其義故曰非爾所知夫公明高以孝子之心爲不若是恝恝。無愁之貌。孟子以萬章之問難自距之。故爲言高息之相對如此。夫公明高以爲孝子不得意於父母。自當怨悲。豈可恝恝然無憂哉。因爲萬章具陳其意。○(恝)古黠反。又音界(爲)言。于僞反。下爲不順同我竭力耕田共爲子職而已矣父母之不我愛於我何哉我共人子之事。而父母不我愛。於我之身獨有何罪哉。自求責於己。而悲感焉○(共)音恭帝使其子。

九男二女百官牛羊倉廩備以事舜於畎畝之中帝堯也堯使九子事舜以爲師以二女妻舜百官致牛羊倉廩致粟米之餼備具饋禮以奉事舜於畎畝之中由是遂賜舜以倉廩牛羊使得自有之堯典曰釐降二女不見九男孟子時尚書凡百二十篇逸書有舜典之敘亡失其文孟子諸所言舜事皆堯典及逸書所載獨丹朱以胤嗣之子臣下以距堯求禪其餘八庶無事故不見於堯典猶晉獻公之子九人五人以事見於春秋其餘四子亦不復見天下之士多就之者帝將胥天下而遷之焉爲不順於父母如窮人無所歸天下之善士多就舜而悅之胥須也堯須天下悉治

萬章上

（將遷位而禪之。順。愛也。爲不愛於父母。其爲憂愁。若困窮之人無所歸往也）天下之士悅之人之所欲也（欲。貪也）而不足以解憂好色人之所欲妻帝之二女而不足以解憂富人之所欲富有天下而不足以解憂貴人之所欲貴爲天子而不足以解憂人悅之好色富貴無足以解憂者惟順於父母可以解憂（言爲人所悅。將見禪爲天子。皆不足以解憂。獨見愛於父母。爲可以解己之憂）人少則慕父母知好色則慕少艾有妻子則慕妻子仕則慕君。不得於君則熱中。慕。思慕也。人少。年少也。艾。美好也。不得於君。失意於君也。熱中。心熱恐懼也。是乃人之情。○人(少)詩炤反。知(好)此章惟此字呼報反。餘竝如字

大孝終身慕父母。五十而慕者。予於大舜見之矣。大孝之人。終身慕父母。若老萊子七十而慕。衣五綵之衣。爲嬰兒匍匐於父母前也。我於大舜見五十而尚慕父母。書曰。舜生三十徵庸。三十在位。在位時尚慕。故言五十也。章指言夫孝。百行之本。無物以先之。雖富有天下而不能取悅於其父母。莫有可也。孝道明著。則六合歸仁矣

萬章問曰。詩云。娶妻如之何。必告父母。信斯言也。宜莫如舜。

舜之不告而娶何也詩齊國風南山之篇言娶妻之禮必告父母舜合信此詩之言何爲違禮不告而娶也孟子曰告則不得娶男女居室人之大倫也如告則廢人之大倫以懟父母是以不告也舜父頑母嚚常欲害舜告則不聽其娶是廢人之大倫以怨懟於父母也○懟直類反萬章曰舜之不告而娶則吾既得聞命矣帝之妻舜而不告何也禮娶須五禮父母亢荅以辭是相告也帝謂堯也何不告舜父母也○妻去聲下同曰帝亦知告焉則不得妻也帝堯知舜大孝父母止之舜不敢違則不

得妻之。故亦不告
萬章曰。父母使舜完廩。捐階。瞽瞍焚廩。使浚井。出。從而揜之。完。治。廩。倉。階。梯也。使舜登廩屋。而捐去其階。焚燒其廩也。一說旋階。舜即旋從階下。瞽瞍不知其已下。故焚廩也。使舜浚井。舜入而即出。瞽瞍不知其已出。從而蓋其井。以為死矣。○揜音緣。又音旋。浚音峻
象曰。謨蓋都君咸我績。象。舜異母弟。謨。謀。蓋。覆也。都。於也。君。舜也。舜有牛羊倉廩之奉。故謂之君。咸。皆。績。功也。象言謀覆於君而殺之者。皆我之功。欲與父母分舜之有。取其善者。故引其功也。
牛羊父母。倉廩父母。欲以牛羊倉廩與其父母。
干戈朕。琴朕。弤朕。二嫂使治朕棲。干。楯。戈。戟也。琴。

舜所彈五絃琴也弤彫弓也天子曰彫弓堯禪舜天下故賜之彫弓也棲牀也二嫂娥皇女英使治牀欲以爲妻也○弤都禮反又音彫象往入舜宫舜在牀琴象曰鬱陶思君爾忸怩象見舜生在牀鼓琴愕然反辭曰我鬱陶思君故來爾辭也忸怩而慙是其情也○忸女六反怩音尼舜曰惟茲臣庶汝其于予治茲此也象素憎舜不至其宫也故舜見來而喜曰惟念此臣衆汝故助我治事不識舜不知象之將殺己與萬章言我不知舜舜不知象之將殺之與何爲好言順辭以荅象也○與音餘曰奚而不知也象憂亦憂象喜亦喜奚何也孟子曰舜何爲不知象

萬章上

惡已也。仁人愛其弟。憂喜隨之。象方言思君。故以順辭荅之。曰然則舜僞喜者與。僞。詐也。萬章言如是則爲舜行至誠。而詐喜以悅人矣。曰否。昔者有饋生魚於鄭子產。子產使校人畜之池。校人烹之。反命曰。始舍之。圉圉焉。少則洋洋焉。攸然而逝。子產曰。得其所哉。得其所哉。孟子言否。云舜不許喜也。因爲說子產以喻之。子產。鄭子國之子公孫僑。大賢人也。校人主池沼小吏也。圉圉。魚在水羸劣之貌。洋洋。舒緩搖尾之貌。攸然。迅走水趣深處也。故曰得其所哉。重言之。嘉得魚之志也。○(校)音效。又音教。(畜)許六反。校人出曰孰謂子產智子既烹而食之曰得其所哉得其所哉故君子可欺以其方難罔以非其道彼以愛兄之道來故誠信而喜之奚僞焉方類也君子可以事類欺故子產不知校人之食其魚象以其愛兄之言來向舜舜是亦其類也故誠信之而喜何爲僞喜也章指言仁聖所存者大舍小從大達權之義也不告而娶守正道也

萬章問曰象日以殺舜爲事立爲天子則放之何也怪舜放之何故孟子曰封之也或曰放焉舜封象於有庳或有人以爲放之庳音鼻萬章曰舜流共工于幽

州放驩兜于崇山殺三苗于三危殛鯀于羽[illegible]罪而天下咸服誅不仁也象至不仁封之有庳有庳之人奚罪焉仁人固如是乎在他人則誅之在弟則封之舜誅四佞以其惡也象惡亦甚而封之仁人用心當如是乎罪在他人當誅之在弟則封之○驩音歡曰仁人之於弟也不藏怒焉不宿怨焉親愛之而已矣親之欲其貴也愛之欲其富也封之有庳富貴之也身爲天子弟爲匹夫可謂親愛之乎

孟子言仁人於弟不問善惡。親愛之而已。封者。欲使富貴耳。身爲天子。弟雖不仁。豈可使爲匹夫也。敢問或曰放者何謂也萬章問放之意曰象不得有爲於其國天子使吏治其國而納其貢稅焉故謂之放豈得暴彼民哉象不得施教於其國。天子使吏代其治。而納貢賦與之。比諸見放也。有庳雖不得賢君。象亦不侵其民也雖然。欲常常而見之故源源而來不及貢以政接于有庳雖不使象得豫政事。舜以兄弟之恩。欲常常見之無已。故源源而來。如流水之與源通。不及貢者。不待朝貢諸侯常禮乃來也。其閒歲歲自至京師。謂若天子以政事接見有庳之君者實親親之恩也**此之謂也**此常常已下皆尚書逸篇之辭孟子以告萬章言此乃象之謂也章指言懇誠于內者則外發於事仁人之心也象為無道極矣友于之性忘其悖逆况其仁賢乎

咸丘蒙問曰語云盛德之士君不得而臣父不得而子舜南面而立堯帥諸侯北面而朝之瞽瞍亦北面而朝之舜見瞽瞍其容有蹙孔子曰於斯時也天下殆哉岌岌乎不識此語誠然乎哉咸丘蒙孟子弟子語者諺語也言盛德之士君不敢臣父不敢子堯與瞽瞍皆臣事舜其容有蹙踖不自安也

孔子以爲君父爲臣岌岌乎不安貌也故曰殆哉不知此語實然乎○(帥)音率(蹙)子六反(岌)魚及反(踖)子亦反孟子曰否言不然也此非君子之言齊東野人之語也東野東作田野之人所言耳咸丘蒙齊人也故聞齊野人之言書曰平秩東作謂治農事也堯老而舜攝也堯典曰二十有八載放勛乃徂落百姓如喪考妣三年四海遏密八音孟子言舜攝行事耳未爲天子也放勛堯名徂落死也如喪考妣思之如父母也遏止也密無聲也八音不作哀思甚也○(勛)音勳孔子曰天無二日民無二王舜既爲天子矣又帥天

下諸侯以爲堯三年喪是二天子矣日一王一言不得竝也咸丘蒙曰舜之不臣堯則吾既得聞命矣不以堯爲臣也詩云普天之下莫非王土率土之濵莫非王臣而舜既爲天子矣敢問瞽瞍之非臣如何詩小雅北山之篇普徧率循也徧天下循土之濵無有非王者之臣而曰瞽瞍非臣如何也曰是詩也非是之謂也勞於王事而不得養父母也曰此莫非王事我獨賢勞也孟子言此詩非舜臣父之謂也詩言皆王臣也何爲獨使我以賢才而勞苦不

得養父母乎。是以怨也。（養）餘亮反。下同 故說詩者不以文害辭。不以辭害志。以意逆志。是為得之。如以辭而已矣。雲漢之詩曰。周餘黎民。靡有孑遺。信斯言也。是周無遺民也。文。詩之文章所引以興事也。辭。詩人所歌詠之辭。志。詩人志所欲之事。意。學者之心意也。孟子言說詩者當本之。不可以文害其辭。文不顯乃反顯也。不可以辭害其志。辭曰。周餘黎民靡有孑遺。志在憂旱災。民無孑然遺脫不遭旱災者。非無民也。人情不遠。以己之意逆詩人之志。是為得其實矣。王者有所不臣。不可謂皆為王臣。謂舜臣父也。○（興）去聲 孝子之至。莫大乎尊親。

尊親之至莫大乎以天下養爲天子父尊之至也以天下養養之至也尊之至瞽瞍爲天子父養之至舜以天下之富奉養其親至極也詩曰永言孝思孝思惟則此之謂也詩大雅下武之篇周武王所以長言孝道欲以爲天下法則此舜之謂也書曰祗載見瞽瞍夔夔齋栗瞽瞍亦允若是爲父不得而子也書尚書逸篇祗敬載事也夔夔齋栗敬愼戰懼貌舜旣爲天子敬事嚴父戰栗以見瞽瞍瞍亦信知舜之大孝若是爲父不得而子也以是解咸丘蒙之疑章指言孝莫大於嚴父而尊之矣行莫過於蒸蒸執子之政也此聖人之執

道。無有加焉

萬章曰。堯以天下與舜有諸欲知堯實以天下與舜否孟子曰。否。堯不與之天子不能以天下與人當與天意合之。非天命者。天子不能違天命也。堯曰咨爾舜。天之歷數在爾躬是也然則舜有天下也。孰與之。萬章言誰與之也曰。天與之。孟子言天與之天與之者。諄諄然命之乎萬章言天有聲音命與之乎。(諄)之純反曰。否。天不言。以行與事示之而已矣孟子曰。天不言語。但以其人之所行善惡。又以其事從而示天下也。○以(行)去聲。下同。亦如字曰。以行與事示之者如之何萬章欲知示之之意

萬章上

曰天子能薦人於天不能使天與之天下諸
侯能薦人於天子不能使天子與之諸侯大
夫能薦人於諸侯不能使諸侯與之大夫昔
者堯薦舜於天而天受之暴之於民而民受
之故曰天不言以行與事示之而已矣孟子言下
能薦人於上不能令上必用之舜天
人所受故得天下也○暴步卜反曰敢問
薦之於天而天受之暴之於民而民受之如
何萬章言天人受之其事云何曰使之主祭而百神享之

是天受之使之主事而事治百姓安之是民受之也天與之人與之故曰天子不能以天下與人百神享之祭祀得福也百姓安之民皆謳歌其德也舜相堯二十有八載非人之所能爲也天也二十八年之久非人爲也天與之也堯崩三年之喪畢舜避堯之子於南河之南天下諸侯朝覲者不之堯之子而之舜訟獄者不之堯之子而之舜謳歌者不謳歌堯之子而謳歌舜故曰天也夫然後之中

國踐天子位焉，而居堯之宮，逼堯之子，是篡也，非天與也。南河之南，遠地南夷也。故言然後之中國。堯子，胤子丹朱。訟獄，獄不決其罪，故訟之。謳歌，謳歌舜德也。○篡，楚患反。大誓曰：天視自我民視，天聽自我民聽，此之謂也。大誓，尚書篇名。自，從也。言天之視聽從人所欲也。章指言德合於天則天爵歸之，行歸於仁則天下與之，天命不常，此之謂也。

萬章問曰：人有言，至於禹而德衰，不傳於賢而傳於子，有諸？問禹之德衰，不傳於賢而自傳於子，有之否？孟子曰：否，不然也。否，不也。不如人所言。天與賢則與賢，天與子則與子言隨天也昔者舜薦禹於天十有七年舜崩三年之喪畢禹避舜之子於陽城天下之民從之若堯崩之後不從堯之子而從舜也禹薦益於天七年禹崩三年之喪畢益避禹之子於箕山之陰朝覲訟獄者不之益而之啓曰吾君之子也謳歌者不謳歌益而謳歌啓曰吾君之子也丹朱之不肖舜之子亦不肖舜之相堯禹之相舜也歷年多施

澤於民久啓賢能敬承繼禹之道益之相禹也歷年少施澤於民未久舜薦禹禹薦益同也以啓之賢故天下歸之益又未久故也陽城箕山之陰皆嵩山下深谷之中以藏處也○施所豉反舜禹益相去久遠其子之賢不肖皆天也非人之所能爲也莫之爲而爲者天也莫之致而至者命也莫無也人無所欲爲而橫爲之者天使爲也人無欲致此事而此事自至者是其命祿也○橫胡孟反匹夫而有天下者德必若舜禹而又有天子薦之者故仲尼不有天下

繼世以有天下仲尼無天子之薦故不得有天下繼世之君雖無仲尼之德襲父之位非匹夫故得有天下也天之所廢必若桀紂者也故益伊尹周公不有天下益值啓之賢伊尹值大甲能改過周公值成王有德不遭桀紂故以匹夫而不有天下伊尹相湯以王於天下湯崩大丁未立外丙二年仲壬四年大甲顛覆湯之典刑伊尹放之於桐三年大甲悔過自怨自艾於桐處仁遷義三年以聽伊尹之訓己也復歸于亳大丁湯之大子未立而薨外丙立二年仲

王四年。皆大丁之弟也。大甲。大丁子也。伊尹以其顛覆典刑。放之於桐邑。處。居也。遷。徙也。居仁徙義。自怨其惡行。艾。治也。治而改過。以聽伊尹之教訓己。故復得歸之於亳。反天子位也。○(王)文公去聲。(艾)音刈。**周公之不有天下。猶益之於夏。伊尹之於殷也。孔子曰。唐虞禪。夏后殷周繼。其義一也。**周公與益伊尹。雖有聖賢之德。不遭者時然。孔子言禪繼其義一也。章指言篤志於仁。則四海宅心。守正不足。則聖位莫繼。丹朱商均是也。是以聖人孜孜於仁德也。

萬章問曰。人有言伊尹以割烹要湯。有諸。人言伊尹負鼎俎而干湯。有之否。○(要)音邀。下要而。以要。皆同。**孟子曰。**

否不然（否不是也）伊尹耕於有莘之野而樂堯舜之道焉非其義也非其道也祿之以天下弗顧也繫馬千駟弗視也非其義也非其道也一介不以與人一介不以取諸人（有莘國名伊尹初隱之時耕於有莘之國樂仁義之道非仁義之道者雖以天下之祿加之不一顧而覦也千駟四千四也雖多不一眄視也一介草不以與人亦不以取於人也○（莘）所巾反（樂）音洛下同）湯使人以幣聘之囂囂然曰我何以湯之聘幣爲哉我豈若處畎畒之中由是以樂堯

舜之道哉湯聞其賢。以玄纁之幣帛往聘之。囂囂。自得之志。無欲之貌也。曰豈若居畎畝之中而無憂哉。樂我堯舜仁義之道。○(囂)五高反。又許驕反湯三使往聘之既而幡然改曰與我處畎畝之中由是以樂堯舜之道吾豈若使是君爲堯舜之君哉吾豈若使是民爲堯舜之民哉吾豈若於吾身親見之哉幡反也。三聘既至。而後幡然改本之計。欲就湯聘以行其道。使君爲堯舜之君。使民爲堯舜之民。○(幡)與翻同天之生此民也使先知覺後知使先覺覺後覺也子天民之先覺者也予將以斯道覺斯民也非予覺之而誰也覺悟也天欲使先知之人悟後知之人我先悟覺者也我欲以此仁義之道覺悟此未知之民非我悟之將誰教乎思天下之民匹夫匹婦有不被堯舜之澤者若己推而內之溝中其自任以天下之重如此故就湯而說之以伐夏救民伊尹思念不以仁義之道化民者如己推排內之溝壑中也自任其重如此故就湯說之伐夏桀救民之厄也○(推)土回反亦如字(內)音納(說)如字亦音稅文公只音稅吾未聞枉己而正人者也況辱己以正天

萬章上

下者乎枉己者尚不能以正人況於辱己之身而有正天下者也聖人之行不同也或遠或近或去或不去歸絜其身而已矣不同謂所由不同也大要當同歸但殊塗耳或遠者處身遠也或近者仕者近君也或去者不屑就也或不去者云焉能浼我也歸於身絜不污己而已○行文公去聲浼音每吾聞其以堯舜之道要湯未聞以割烹也我聞伊尹以仁義干湯致湯爲王不聞以割烹牛羊爲道伊訓曰天誅造攻自牧宮朕載自亳伊訓尚書逸篇名牧宮桀宮朕我也謂湯也載始也亳殷都也言意欲誅伐桀造作可攻討之罪者從牧宮桀起自取之也湯曰我

始與伊尹謀之於亳。遂順天而誅也。章指言賢達之理世務也。推正以濟時物。守己直行。不枉道而取容。期於益治而已矣

萬章問曰或謂孔子於衛主癰疽於齊主侍人瘠環有諸乎有人以孔子為然。癰疽。癰疽之醫也。瘠。姓。環。名。侍人也。衛君齊君之所近狎人。○(癰)於容反(疽)七餘反

孟子曰否不然也好事者為之也否。不也。不如是也。好事毀人德行者為之辭也。○(好)呼報反。下同

於衛主顏讎由彌子之妻與子路之妻兄弟也彌子謂子路曰孔子主我衛卿可得也子路以告孔子曰有命孔

子進以禮，退以義，得之不得曰有命，而主癰疽與侍人瘠環，是無義無命也。顏讎由，衛賢大夫。孔子以爲主。彌子，彌子瑕也。因子路欲爲孔子主，孔子知彌子幸於靈公，不以正道，故不納之，而歸於命也。孔子進以禮，退以義，必曰有天命也。若主此二人，是爲無義無命也。○（讎）尺周反，亦如字。文公作如字，又音犨。孔子不悅於魯衛，遭宋桓司馬將要而殺之，微服而過宋。是時孔子當阨，主司城貞子，爲陳侯周臣。孔子以道不合，不見悅魯衛之君，而去適諸侯，遭宋桓魋之故，乃變更微服而過宋。司城貞子，宋卿也。雖非大賢，亦無諂惡之罪。故謚爲貞子。陳侯周。陳懷公子也。爲楚所滅。故無謚。但曰陳侯周。是時孔子遭阨難。不暇擇大賢臣。而主貞子。爲陳侯周臣也。於衛齊無阨難。何爲主癰疽瘠環也。○〔阨〕音厄

吾聞觀近臣以其所爲主。觀遠臣以其所主。若孔子主癰疽與侍人瘠環。何以爲孔子

近臣當爲遠方來賢者爲主。遠臣自遠而至。當主於在朝之臣賢者。若孔子主於卑幸之臣。是爲凡人耳。何謂孔子得見稱爲聖人。章指言君子大居正。以禮進退。屈伸達節。不違貞信。故孟子辯之。正其大義也。○所〔爲〕于僞反。註當爲同

萬章問曰或曰百里奚自鬻於秦養牲者五羊之皮食牛以要

秦繆公信乎人言百里奚自賣五羖羊皮爲人養牛以是而要繆公之相實然不。鬻音育食音嗣繆音穆羖音古孟子曰否不然好事者爲之也好事毁敗人之德行者爲之設此言。好去聲下同百里奚虞人也晉人以垂棘之璧與屈產之乘假道於虞以伐虢宮之奇諫垂棘美玉所出地名屈產地良馬所生乘四馬也皆晉國之所寶宮之奇虞之賢臣諫不欲令虞公受璧馬假晉道。屈九勿反乘音剩百里奚不諫知虞公之不可諫而去之秦年已七十矣曾不知以食牛干秦繆公之爲汙也可謂智乎不可諫而不諫可謂不智乎知虞公之將亡而先去之不可謂不智也時舉於秦知繆公之可與有行也而相之可謂不智乎相秦而顯其君於天下可傳於後世不賢而能之乎百里奚知虞公之不可諫而去之秦年七十而不知食牛干人君之爲汙是爲不智也欲言其不智下有三智知食牛干秦爲不然也卒相秦顯其君不賢之人豈能如是言其實賢也自鬻以成其君鄉黨自好者不爲而謂賢者爲之乎人自鬻於汙辱而以傳相成立其君鄉黨

邑里自喜好名者。尚不肯爲也。況賢人肯辱身而爲之乎、章指言君子時行則行。時舍則舍。故能顯君明道、不爲苟合而違正也

孟子卷第九

萬章上

相臺岳氏刻梓荊谿家塾

孟子卷第十

萬章章句下

孟子曰伯夷目不視惡色耳不聽惡聲非其君不事非其民不使治則進亂則退橫政之所出橫民之所止不忍居也思與鄉人處如以朝衣朝冠坐於塗炭也當紂之時居北海之濱以待天下之清也故聞伯夷之風者頑夫廉懦夫有立志孟子反覆嗟伯夷伊尹柳下惠之德以爲足以配於

聖人。故數章陳之。猶詩人有所誦述至於數四。蓋其留意者也。義見上篇矣。此復言不視惡色。謂行不正而有美色者。若夏姬之比也。耳不聽惡聲。謂鄭聲也。後世聞其風者。頑貪之夫。更思廉絜。懦弱之人。更思有立義之志也。〇橫胡孟反 行不下孟反

伊尹曰。何事非君。何使非民。治亦進。亂亦進。曰。天之生斯民也。使先知覺後知。使先覺覺後覺。予天民之先覺者也。予將以此道覺此民也。思天下之民。匹夫匹婦有不與被堯舜之澤者。如己推而內之溝中。其自任以天下之重也

說與上同○與音豫柳下惠不羞汙君不辭小官進不隱賢必以其道遺佚而不怨阨窮而不憫與鄉人處由由然不忍去也爾爲爾我爲我雖袒裼裸裎於我側爾焉能浼我哉故聞柳下惠之風者鄙夫寬薄夫敦鄙狹者更寬優薄淺者更深厚○阨音厄袒音但裼音錫裸郎果反裎音程焉音煙孔子之去齊接淅而行去魯曰遲遲吾行也去父母國之道也可以速而速可以久而久可以處而處可以仕

而仕。孔子也。淅。漬米也。不及炊。避惡亟也。魯。父母之國。遲遲不忍去也。是其道也。孔子聖人。故能量時宜。動中權也。○淅先歷反。中張仲反。下其中同

孟子曰。伯夷聖之清者也。伊尹聖之任者也。柳下惠聖之和者也。孔子聖之時者也。孔子之謂集大成。集大成也者。金聲而玉振之也。金聲也者。始條理也。玉振之也者。終條理也伯夷清。伊尹任。柳下惠和。皆得聖人之道也。孔子時行則行。時止則止。孔子集先聖之大道。以成己之聖德者也。故能金聲而玉振之。振揚也。故如金聲之有殺。振揚玉音。始終如一也。始條理者。

金從革。可治之使條理。終條理者。玉終其聲而不細也。合三德而不撓也。始條理者。智之事也。終條理者。聖之事也。智者。智理物。聖人終始同。智譬則巧也。聖譬則力也。由射於百步之外也。其至爾力也。其中非爾力也。以智譬由人之有技巧也。可學而益之。以聖譬由力之有多少。自有極限。不可強增。聖人受天性。可庶幾而不可及也。夫射遠而至。爾努力也。其中的者。爾之巧也。思改其手。用巧意。乃能中也。章指言聖人由力。力有常也。賢者由巧。巧可增也。仲尼天高。故不可階。他人丘陵。丘陵由可踰。所謂小同而大異者也。

北宮錡問曰。周室班爵祿也。如之

何北宮錡衞人。班，列也。問周家班列爵祿等差謂何。○(錡)魚綺反孟子曰其詳不可得聞也諸侯惡其害己也而皆去其籍。然而軻也嘗聞其略也詳，悉也。不可得備知也。諸侯欲恣行。僭惡其法度妨害己之所爲。故滅去典籍。今周禮司祿之官無其職。是則諸侯皆去之。故使不復存也。軻，孟子名。略，麤也。言嘗聞其大綱如此。今考之禮記王制則合也。○(惡)烏路反(去)文公上聲天子一位。公一位。侯一位。伯一位。子男同一位。凡五等也公，謂上公九命及二王後也。自天子以下，列尊卑之位凡五等君一位。卿一位。大夫一位。上士一位。

中士一位。下士一位。凡六等。諸侯法天子臣名。亦有此六等。從君下至於士也。天子之制。地方千里。公侯皆方百里。伯七十里。子男五十里。凡四等。不能五十里。不達於天子。附於諸侯。曰附庸。凡此四等。土地之等差也。天子封畿千里。諸侯方百里。象雷震也。小者不能特達於天子。因大國以名通。曰附庸也。天子之卿受地視侯。大夫受地視伯。元士受地視子男。視。比也。天子之卿大夫士所受采地之制也。○采音菜大國地方百里。君十卿祿。卿祿四大夫。大夫倍上士。上士倍中士。中士倍下士。下士與庶人在官者同祿。祿足以代其耕也公侯之國爲大國。卿祿居於君祿十分之一也。大夫祿居於卿祿四分之一也。上士之祿居大夫祿二分之一也。中士下士轉相倍。庶人在官者。未命爲士者也。其祿比上農夫。士不得耕。以祿代耕也次國地方七十里。君十卿祿。卿祿三大夫。大夫倍上士。上士倍中士。中士倍下士。下士與庶人在官者同祿。祿足以代其耕也伯爲次國。大夫祿居卿祿三分之一也小國地方五十里。君十卿祿。卿祿二大夫大夫倍上士上士倍中士中士倍下士下士與庶人在官者同祿祿足以代其耕也子男爲小國大夫祿居卿祿二分之一也耕者之所獲一夫百畝百畝之糞上農夫食九人上次食八人中食七人中次食六人下食五人庶人在官者其祿以是爲差獲得也一夫一婦佃田百畝百畝之田加之以糞是爲上農夫其所得穀足以食九口庶人在官者食祿之等差由農夫有上中下之次亦有此五等若今之斗食佐史除吏也章指言聖人制祿上下差敘貴有常尊賤有等威諸侯僭越

滅籍從私。孟子略記。言其大綱。以荅北宮子之問。○（食）音嗣。下同 萬章問曰。敢問友 問朋友之道也 孟子曰。不挾長。不挾貴。不挾兄弟而友。友也者。友其德也。不可以有挾也。長。年長。貴。貴勢。兄弟。兄弟有富貴者。不挾是乃爲友。謂相友以德也。○（挾）音協（長）張丈反 孟獻子。百乘之家也。有友五人焉。樂正裘。牧仲。其三人。則予忘之矣。獻子之與此五人者友也。無獻子之家者也。此五人者。亦有獻子之家。則不與之友矣。獻子。魯卿孟氏也。有百乘之賦。樂正裘。牧仲。其

五人者皆賢人無位者也此五人者自有獻子之家富貴而復有德不肯與獻子友也獻子以其富貴下此五人五人屈禮而就之也

非惟百乘之家爲然也雖小國之君亦有之費惠公曰吾於子思則師之矣吾於顏般則友之矣王順長息則事我者也

小國之君若費惠公者也王順長息德不能見師友故曰事我者也〇（費）音祕（般）音班

非惟小國之君爲然也雖大國之君亦有之晉平公於亥唐也入云則入坐云則坐食云則食雖疏食菜羹未嘗不飽蓋不

敢不飽也。然終於此而已矣。大國之君。如晉平公者也。亥唐晉賢人也。隱居陋巷者。平公常往造之。亥唐言入。平公乃入。言坐乃坐。言食乃食也。疏食糲食也。不敢不飽。敬賢也。終於此。平公但以此禮下之而已。○糲盧葛反弗與共天位也。弗與治天職也。弗與食天祿也。士之尊賢者也。非王公尊賢也。位。職。祿。皆天之所以授賢者。而平公不與亥唐共之。而但卑身下之。是乃匹夫尊賢者之禮耳。王公尊賢。當與共天職矣舜尚見帝。帝館甥于貳室。亦饗舜。迭爲賓主。是天子而友匹夫也。尚。上也。舜在畎畝之時。堯友禮之。舜上見堯。堯舍之於貳室。貳室。副宮也。堯亦就饗舜之所設。更迭爲賓主。禮謂妻父曰外舅。謂我舅者。吾謂之甥。堯以女妻舜故謂舜甥。卒與之天位。是天子之友匹夫也。○迭徒結反

用下敬上謂之貴貴。用上敬下謂之尊賢。貴貴尊賢其義一也。下敬上。臣恭於君也。上敬下。君禮於臣也。皆禮所尚。故云其義一也。章指言匹夫友賢。下之以德。王公友賢授之以爵。大聖之行。千載爲法者也。

萬章曰。敢問交際何心也。際。接也。問交接道當執何心爲可者。孟子曰。恭也。當執恭敬爲心。曰。卻之卻之爲不恭。何哉。萬章問卻不受尊者。禮謂之不恭。何然也。曰。尊者賜之。曰。其所取

之者義乎不義乎而後受之以是爲不恭故弗卻也孟子曰今尊者賜己己問其所取此物寧以義乎得無不義乃後受之以是爲不恭故不當問尊者不義而卻之也曰請無以辭卻之以心卻之曰其取諸民之不義也而以他辭無受不可乎萬章曰請無正以不義之辭卻也心知其不義以他辭讓無受之不可耶曰其交也以道其接也以禮斯孔子受之矣孟子言其來求交己以道理其接待己有禮者若斯孔子受之矣言可受也萬章曰今有禦人於國門之外者其交也以道其

餽也以禮斯可受禦與禦人以兵禦人而奪之貨如是而以禮道來交接已斯可受乎○(與)音餘下皆同曰不可康誥曰殺越人于貨閔不畏死凡民罔不譈是不待教而誅者也殷受夏周受殷所不辭也於今為烈如之何其受之孟子曰不可受也康誥尚書篇名周公戒成王康叔封越于皆於也殺於人取於貨閔然不知畏死者譈殺也凡民無不得殺之者也若此之惡不待君之教命遣人則討之三代相傳以此法不須辭問也於今為烈烈明法如之何受其餽也○(譈)徒對反曰今之諸侯取之於民也猶禦也苟

善其禮際矣斯君子受之敢問何說也萬章曰今諸侯賦稅於民不由其道履畝彊求猶禦人也欲善其禮以接君子君子欲受之何說也君子謂孟子曰子以爲有王者作將比今之諸侯而誅之乎其教之不改而後誅之乎夫謂非其有而取之者盜也充類至義之盡也孔子之仕於魯也魯人獵較孔子亦獵較獵較猶可而況受其賜乎孟子謂萬章曰子以爲後如有聖人興作將比地盡誅今之諸侯乎將教之其不改者乃誅之乎言必教之誅其不改者也殷之衰亦猶周之

萬章下

末武王不盡誅殷之諸侯滅國五十而已知後王者亦不盡誅也謂非其有而竊取之者爲盜充滿至甚也滿其類大過至者但義盡耳未爲盜也諸侯本當稅民之類者今大盡耳亦不可比於禦孔子隨魯人之獵較獵較者田獵相較奪禽獸得之以祭時俗所尚以爲吉祥孔子不違而從之所以小同於世也獵較尚猶可爲況受其賜而不可也○比毗失反亦毗志反文公去聲較音角

曰然則孔子之仕也非事道與萬章問孔子之仕非欲事行其道與曰事道也孟子曰孔子所仕者欲事行其道事道奚獵較也萬章曰孔子欲事道如何可獵較也曰孔子先簿正祭器不以四方之食供簿正孟子

曰。孔子仕於衰世。不可卒暴改戾。故以漸正之。先爲簿書。以正其宗廟祭祀之器。即其舊禮。取備於國中。不以四方珍食供其所簿正之器。度珍食難常有。乏絕則爲不敬。故獵較以祭也。簿步古反

曰奚不去也

萬章曰。孔子不得行道。何爲不去

曰。爲之兆也。兆足以行矣。而不行。而後去。是以未嘗有所終三年淹也

兆。始也。孔子每仕。常爲之正本造始。欲以次治之。而不見用。占其事始而退。足以行之矣。而君不行也。然後則孔子去矣。終者竟也。孔子未嘗得竟事一國也。三年淹留而不去者也。爲之于僞反下爲貧爲養皆同

孔子有見行可之仕。有際可之仕。有公養之仕。

於季桓子見行可之仕也。於衛靈公際可之仕也。於衛孝公公養之仕也。行可冀可行道也。魯卿季桓子秉國之政。孔子仕之。冀可得因之行道也。際接也。衛靈公接遇孔子以禮。故見之也。衛孝公。以國君養賢者之禮養孔子。故宿留以荅之矣。章指言聖人憂民。樂行其道。苟善辭命。不忍逆距。不合則去。亦不淹久。蓋仲尼行止之節也。○宿音秀。留音霤

孟子曰。仕非爲貧也。而有時乎爲貧。娶妻非爲養也。而有時乎爲養。仕本爲行道濟民也。而有以居貧親老而仕者。娶妻本爲繼嗣也。而有以親執釜竈不擇妻而娶者。○養餘亮反爲貧者辭尊居

卑辭富居貧爲貧之仕當讓高顯之位無求重禄辭尊居卑辭富居貧惡乎宜乎抱關擊柝辭尊富者安所宜乎宜居抱關擊柝監門之職也柝門關之木也擊椎之也或曰柝行夜所擊木也傳曰魯擊柝聞於邾○惡音烏後章賢惡同柝音託椎直追反孔子嘗爲委吏矣曰會計當而已矣嘗爲乘田矣曰牛羊茁壯長而已矣位卑而言高罪也立乎人之本朝而道不行恥也孔子嘗以貧而禄仕委吏主委積倉庾之吏也不失會計當直其多少而已乘田苑囿之吏也主六畜之芻牧者也牛羊茁壯肥好長大而已茁茁生長貌也

詩云。彼茁者葭。位卑不得高言豫朝事。故但稱職而已。立本朝。大道當行。不行。爲已之恥。是以君子祿仕者。不處大位。章指言國有道則能者取卿相。國無道則聖人居乘田。量時安卑。不受言責。獨善其身之道也。○委於僞反　會古外反　乘音剩　茁阻刮反　長張丈反　葭音加　積子智反　稱尺證反　直直吏反　稱

萬章曰。士之不託諸侯何也託。寄也。謂若寄公。食祿於所託之國也　孟子曰。不敢也。諸侯失國而後託於諸侯。禮也。士之託於諸侯。非禮也謂士位輕。本非諸侯敵體。故不敢比失國諸侯。得爲寄公也　萬章曰。君餽之粟則受之乎士窮而無祿。君餽之粟。則可受之乎　曰。受

之孟子曰受之也受之何義也萬章曰受粟何義也曰君之於氓也固周之氓民也孟子曰君之於民固當周其窮乏況於士乎○氓音萌曰周之則受賜之則不受何也萬章言士窮君周之則受賜之則不受何也周者謂周急稟貧民之常科也賜者謂禮賜橫加也曰不敢也孟子曰士不敢受賜曰敢問其不敢何也萬章問何爲不敢曰抱關擊柝者皆有常職以食於上無常職而賜於上者以爲不恭也孟子曰有職事者可食於上祿士不仕自以不任職事而空受賜爲不恭故不受也曰君餽之則受之不

識可常繼乎萬章曰君禮餽賢臣賢臣受之不知可繼續而常來致之乎將當輒更以君命將之也曰繆公之於子思也亟問亟餽鼎肉子思不悅於卒也摽使者出諸大門之外北面稽首再拜而不受曰今而後知君之犬馬畜伋蓋自是臺無餽也孟子曰魯繆公時尊禮子思數問數餽鼎肉子思以君命煩故不悅也於卒者末後復來時也摽麾也麾使者出大門之外再拜叩頭不受曰今而後知君犬馬畜伋伋子思名也責君之不優以不煩而但數與之食物若養犬馬臺賤官主使令者傳曰僕臣臺從是之後臺不持餽來繆公慍也慍恨

也。繆音穆亟音器。下同摽音杓使去聲悅賢不能舉。又不能養也可謂悅賢乎孟子譏繆公之雖欲有悅賢之意。而不能舉用使行其道。又不能優養終竟之。豈可謂能悅賢也曰。敢問國君欲養君子。如何斯可謂養矣萬章問國君養賢之法也曰。以君命將之。再拜稽首而受。其後廩人繼粟。庖人繼肉。不以君命將之。子思以爲鼎肉使己僕僕爾亟拜也。非養君子之道也將者行也。孟子曰。始以君命行禮拜受之。其後倉廩之吏繼其粟。將盡復送。廚宰之人。日送其肉。不復以君命者。欲使賢者不

荅以敬。所以優之也。子思所以非繆公者。以爲鼎肉使己數拜故也。僕僕。煩猥皃。謂其不得養君子之道也

堯之於舜也。使其子九男事之。二女女焉。百官牛羊倉廩備。以養舜於畎畝之中。後舉而加諸上位。故曰王公之尊賢者也。

堯之於舜如是。是王公尊賢之道也。九男以下。已說於上篇。上位。尊帝位也。章指言知賢之道。舉之爲上。養之爲次。不舉不養。賢惡肯歸。是以孟子上陳堯舜之大法。下刺繆公之不弘也。○㊛焉去聲

萬章曰。敢問不見諸侯。何義也。

問諸侯聘請。而夫子不見之。於義何取也

孟子曰。在國曰市井之臣。

在野曰草莽之臣皆謂庶人庶人不傳質為臣不敢見於諸侯禮也在國謂都邑也民會於市故曰市井之人在野居之人莽亦草也庶衆也衆庶之人未得為臣傳執也見君之質執雉之屬也未為臣則不敢見之禮也○質讀如贄敢見音現下往見見君皆同萬章曰庶人召之役則往役君欲見之召之則不往見之何也庶人召使給役事則往供事君召之見不肯往見何也曰往役義也往見不義也且君之欲見之也何為也哉孟子曰庶人法當給役故往役義也庶人非臣也不當見君故往見不義也且君何

爲欲見之而召之也○爲去聲下並同曰爲其多聞也爲其賢也萬章曰君以是欲見之也曰爲其多聞也則天子不召師而況諸侯乎爲其賢也則吾未聞欲見賢而召之也孟子曰安有召師召賢之禮而可往見也繆公亟見於子思曰古千乘之國以友士何如子思不悅曰古之人有言曰事之云乎豈曰友之云乎子思之不悅也豈不曰以位則子君也我臣也何敢與君友也以德則子事我者也奚可

以與我友千乘之君求與之友而不可得也而況可召與魯繆公欲友子思子思不悅而稱曰古人曰見賢人當事之豈云友之邪孟子云云子思所以不悅者豈不謂臣不可友君弟子不可友師也若子思之意亦不可友況乎可召之齊景公田招虞人以旌不至將殺之志士不忘在溝壑勇士不忘喪其元孔子奚取焉取非其招不往也已說於上篇曰敢問招虞人何以萬章問招虞人當何用也曰以皮冠庶人以旃士以旂大夫以旌孟子曰招禮若是皮冠弁也旃通帛也因章曰

旃。旃。旌有鈴者。旌。注旄首者以大夫之招招虞人虞人死不敢往以士之招招庶人庶人豈敢往哉況乎以不賢人之招招賢人乎以貴者之招招賤人賤人尚不敢往。況以不賢人之招招賢人乎。不賢之招。不以禮也欲見賢人而不以其道猶欲其入而閉之門也夫義路也禮門也惟君子能由是路出入是門也欲人之入而閉其門。可得而入乎。閉門由閉禮也詩云周道如底其直如矢君子所履小人所視詩小雅大東之篇。底平。矢直。視比也。周道平直。

君子履直道。小人比而則之。以喻虞人能效君子守死善道也。○底之履復反萬章曰。孔子君命召。不俟駕而行。然則孔子非與。俟。待也。孔子不待駕而應君命也。孔子爲之非與曰。孔子當仕有官職。而以其官召之也。孟子言孔子所以不待駕者。孔子當仕位有官職之事。君以其官名召之。豈得不顛倒。詩云。顛之倒之。自公召之。不謂賢者無位而君欲召見也。章指言君子之志。志於行道。不得其禮。亦不苟往。於禮之可。伊尹三聘。而後就湯。道之未洽。沮溺耦耕。接輿佯狂。豈可見也孟子謂萬章曰。一鄉之善士。斯友一鄉之善士。一國之善士。斯友一國之善士天下之善士斯友天下之善士一鄉鄉之善者國國中之善者天下四海之內也各以大小來相友自爲疇匹也以友天下之善士爲未足又尚論古之人頌其詩讀其書不知其人可乎是以論其世也是尚友也好善者以天下之善士爲未足極其善道也尚上也乃復上論古之人頌其詩詩歌頌之故曰頌讀其書猶恐未知古人高下故論其世以別之也在三皇之世爲上在五帝之世爲次在三王之世爲下是爲好上友之人也章指言好高慕遠君子之道雖各有倫樂其崇茂是以仲尼曰毋友不如己者高山仰止景行行止

齊宣王問

卿。孟子曰。王何卿之問也（王問何卿也）王曰。卿不同乎。曰。不同。有貴戚之卿。有異姓之卿（孟子曰。卿不同。貴戚之卿。謂內外親族也。異姓之卿。謂有德命爲三卿也。）王曰。請問貴戚之卿（問貴戚之卿如何）曰。君有大過則諫。反覆之而不聽。則易位（孟子曰。貴戚之卿。反覆諫君。君不聽。則欲易君之位。更立親戚之貴者）王勃然變乎色（王聞此言。愠怒而驚懼。故勃然變色）曰。王勿異也。王問臣。臣不敢不以正對（孟子曰。王勿怪也。王問臣。臣不敢不以其正義對）王色定。然後請問異姓之卿王意解。顏色定。復問異姓之卿如之何也曰。君有過則諫。反覆之而不聽。則去孟子言異姓之卿。諫君不從。三而待放。遂不聽之。則去而之他國也。章指言國須賢臣。必擇忠良。親近貴戚。或遭殃禍。伊發有莘。爲殷興道。故云成湯立賢無方也

孟子卷第十

萬章下

相臺岳氏刻
梓荆谿家塾

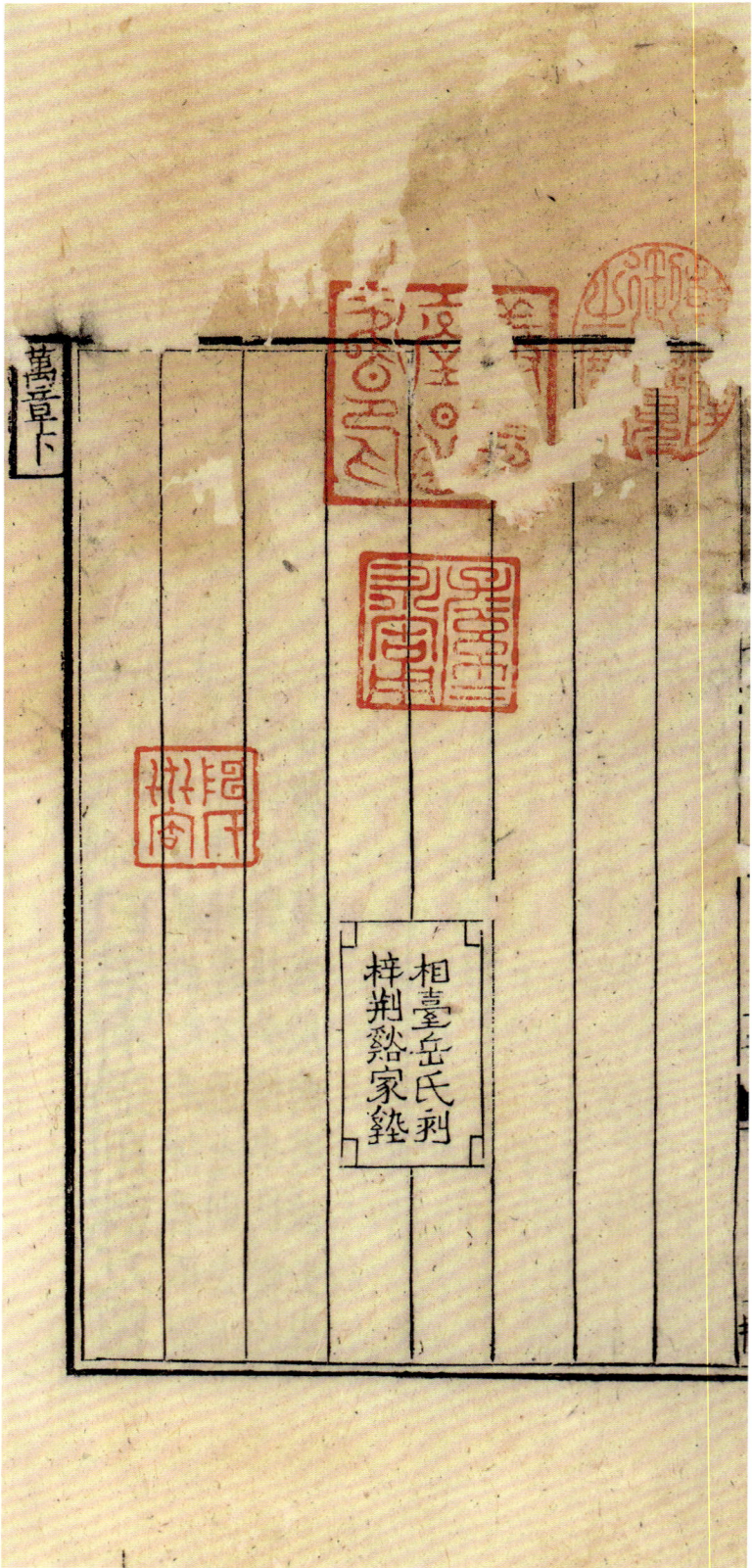

孟子卷第十一

告子章句上

告子曰：性猶杞柳也，義猶桮棬也。以人性爲仁義，猶以杞柳爲桮棬。告子以爲人性爲才幹，義爲成器，猶以杞柳之木爲桮棬也。杞柳，柜柳也。一曰杞，木名也。詩云：北山有杞。桮棬，桮素也。○告子名不害。桮音杯。棬丘圓反，屈木爲之也。孟子曰：子能順杞柳之性而以爲桮棬乎？將戕賊杞柳而後以爲桮棬也？戕猶殘也。春秋傳曰：戕舟發梁。子能順完杞柳，不傷其性，而成桮棬乎？將以斤斧殘賊之。乃可以爲桮棬乎。言必殘賊也。○戕音牆如將戕賊杞柳而以爲桮棬。則亦將戕賊人。以爲仁義與孟子言以人身爲仁義。豈可復殘傷其形體乃成仁義邪。明不可比桮棬也。○與音餘。下皆同率天下之人而禍仁義者。必子之言夫以告子轉性以爲仁義。若轉木以成器。必殘賊之。故言率人以禍仁義者。必子之言。夫歎辭也。章指言養性長義順天自然。殘木爲器。變而後成。告子道偏見有不純。仁內義外。違人之端。孟子拂之。不假以言也

告子曰。性猶湍水也。決諸東方則東流。決諸西方則西流。人性之無分於善不善也。

猶水之無分於東西也湍者圜也謂湍湍瀠水也告子以喻人性若是水也善惡隨物而化無本善不善之性也○湍他端反分如字又扶問反孟子曰水信無分於東西無分於上下乎人性之善也猶水之就下也人無有不善水無有不下今夫水搏而躍之可使過顙激而行之可使在山是豈水之性哉其勢則然也人之可使為不善其性亦猶是也孟子曰水誠無分於東西故決之而住也水豈無分於上下乎水性但欲下耳人性生而有善猶水欲下也所以知人皆有善

性。似水無有不下者也。躍。跳。顙。額也。人以手跳水可使過顙。激之可令上山。皆迫於勢耳。非水之性也。人之可使爲不善。非順其性也。亦妄爲利欲之勢所誘迫耳。猶是水也。言其本性非不善也。章指言人之欲善。猶水好下。迫勢激躍。失其素眞。是以守正性者爲君子。隨曲拂者爲小人也。(搏)補各反(顙)蘇黨反

○告子曰生之謂性凡物生同類者皆同性孟子曰生之謂性也。猶白之謂白與猶見白物。皆謂之同白。無異性也曰然告子曰然白羽之白也。猶白雪之白白雪之白猶白玉之白與孟子以爲羽性輕。雪性消。玉性堅。雖俱白。其性不同。問告子。子以三白之性同邪曰然告子

曰然。誠以爲同也。然則犬之性猶牛之性，牛之性猶人之性與？孟子言犬之性豈與牛同所欲，牛之性豈與人同所欲乎？章指言：物雖有性，性各殊異，惟人之性與善俱生，赤子入井，以發其誠。告子一之，知其麤矣。孟子精之，是在其中。告子曰：食色，性也。仁，內也，非外也；義，外也，非內也。人之甘食悅色者，人之性也。仁由內出，義在外也，不從己身出也。孟子曰：何以謂仁內義外也？孟子怪告子是言也。曰：彼長而我長之，非有長於我也；猶彼白而我白之，從其白於外也，故謂之外也。告子言見彼人年長

故我長敬之。長大者非在於我也。猶白色見於外也。○長上聲。下同曰。異於
白馬之白也。無以異於白人之白也。不識長
馬之長也。無以異於長人之長與。且謂長者
義乎。長之者義乎。孟子曰。長異於白。白馬白人。同謂之白可也。不知敬
老馬無異於敬老人邪。且謂老者爲有義乎。將謂敬老者爲有義乎。敬老者己也。何以爲
外也曰。吾弟則愛之。秦人之弟則不愛也。是以
我爲悅者也。故謂之內。長楚人之長。亦長吾
之長。是以長爲悅者也。故謂之外也。告子曰。愛從己

告子上

則己心悅。故謂之內。所悅喜老者在外。故曰外。曰。耆秦人之炙。無以異於耆吾炙。夫物則亦有然者也。然則耆炙亦有外與。孟子曰。耆炙同等。情出於中。敬楚人之老。與敬己之老。亦同。己情性敬之。雖非己炙。同美。故曰物則有然者也。如耆炙之意。豈在外邪。言楚秦。喻遠也。章指言事雖在外。行其事者皆發於中。明仁義由內。所以曉告子之惑也。○耆音嗜。炙之夜反。

孟季子問公都子曰。何以謂義內也。季子亦以爲義外也。曰。行吾敬。故謂之內也。公都子曰。以敬在心而行之。故言內

鄉人長於伯兄一歲。則誰敬。季子曰。敬誰也。曰。敬兄。

都子曰。當敬兄也酌則誰先季子曰。酌酒則先酌誰曰先酌鄉人公都子曰。當先鄉人所敬在此。所長在彼。果在外。非由內也季子曰。所敬者兄也。所酌者鄉人也。如此義果在外。不由內也。果猶竟也公都子不能荅。以告孟子公都子無以荅季子之問孟子曰。敬叔父乎。敬弟乎。彼將曰敬叔父。曰弟爲尸。則誰敬。彼將曰敬弟。子曰。惡在其敬叔父也。彼將曰在位故也。子亦曰在位故也。庸敬在兄。斯須之敬在鄉人孟子使公都子荅季子如此言弟以在尸

位。故敬之。鄉人在賓位。故先酌之耳。庸。常也。常敬在兄。斯須之敬在鄉人也。○惡音烏

季子聞之曰。敬叔父則敬。敬弟則敬。果在外。非由內也

隨敬所在而敬之。果在外

公都子曰。冬日則飲湯。夏日則飲水。然則飲食亦在外也

湯水雖異名。其得寒溫者中心也。雖隨敬之所在。亦中心敬之。猶飲食從人所欲。豈可復謂之外也。章指言凡人隨形。不本其原。賢者達情。知所以然。季子信之。猶若告子。公都受命。然後乃理

公都子曰。告子曰。性無善無不善也

公都子道告子以爲人性在化。無本善不善也

或曰。性可以爲善。可以爲不

善是故文武興則民好善幽厲興則民好暴公都子曰或人以爲可敎以善不善亦由告子之意也故文武聖化之起民皆喜爲善幽厲虐政之起民皆好暴亂或曰有性善有性不善是故以堯爲君而有象以瞽瞍爲父而有舜以紂爲兄之子且以爲君而有微子啓王子比干公都子曰或人者以爲人各有性善惡不可化移堯爲君象爲臣不能使之爲善瞽瞍爲父不能化舜爲惡紂爲君又與微子比干有兄弟之親亦不能使此二子爲不仁是亦各有性也今曰性善然則彼皆非與公都子曰告子之徒其論如此

今孟子曰人性盡善。然則彼之所言皆非邪

孟子曰。乃若其情則可以爲善矣。乃所謂善也。若夫爲不善。非才之罪也

若。順也。性與情相爲表裏。性善勝情。情則從之。孝經曰。此哀戚之情。情從性也。能順此情使之善者。眞所謂善也。若隨人而強作善者。非善者之善也。若爲不善者。非所受天才之罪。物動之故也。○強其丈反

惻隱之心。人皆有之。羞惡之心。人皆有之。恭敬之心。人皆有之。是非之心。人皆有之。惻隱之心。仁也。羞惡之心。義也。恭敬之心。禮也。是非之心。智也。仁義禮

智非由外鑠我也我固有之也弗思耳矣故曰求則得之舍則失之或相倍蓰而無筭者不能盡其才者也仁義禮智人皆有其端懷之於內非從外消鑠我也求存之則可得而用之舍縱之則亡失之矣故人之善惡或相倍蓰或至於無筭者不得相與計多少言其絕遠也所以惡乃至是者不能自盡其才性也故使有惡人非天獨與此人惡性其有下愚不移者譬如被疾不成之人所謂童昏也惡烏故反舍音捨下皆同蓰音師又山綺反解見滕文公詩曰天生蒸民有物有則民之秉夷好是懿德孔子曰為此詩者其知

道乎。故有物必有則。民之秉夷也。故好是懿德。詩大雅蒸民之篇。言天生衆民。有物。則有所法則。人法天也。民之秉夷。夷。常也。常好美德。孔子謂之知道。故曰人皆有善也。章指言天之生人。皆有善性。引而趣之。善惡異衢。高下相懸。賢愚舛殊。尋其本者。乃能一諸。孟子曰。富歲子弟多賴。凶歲子弟多暴。非天之降才爾殊也。其所以陷溺其心者然也。富歲。豐年也。凶歲。饑饉也。子弟。凡人之子弟也。賴。善。暴。惡也。非天降下才性與之異。以飢寒之阨。陷溺其心。使爲惡者也。今夫麰麥播種而耰之。其地同。樹之時又同。浡然而生。

至於日至之時皆熟矣雖有不同則地有肥磽雨露之養人事之不齊也麰麥。大麥也。詩云。貽我來麰。言人性之同。如此麰麥。其不同者。人事雨澤有不足。地之有肥磽耳。磽。薄也。○(麰)音牟(耰)音憂。壅苗根也(浡)音勃(磽)苦交反故凡同類者舉相似也何獨至於人而疑之聖人與我同類者聖人亦人也。其相覺者。以心知耳。蓋體類與人同。故舉相似也。○(覺)音教故龍子曰不知足而爲屨我知其不爲蕢也屨之相似天下之足同也龍子古賢者也。雖不知足小大。作屨者猶不更作蕢。蕢。草器也。以屨相似。

天下之足略同故也。○蕢音匱口之於味有同耆也易牙先得我口之所耆者也如使口之於味也其性與人殊若犬馬之與我不同類也則天下何耆皆從易牙之於味也至於味天下期於易牙是天下之口相似也人口之所耆者相似。故皆以易牙為知味。言口之同也。○耆音嗜。下同惟耳亦然至於聲天下期於師曠是天下之耳相似也耳亦猶口也。天下皆以師曠為知聲之微妙也惟目亦然至於子都天下莫不知其姣也不知子都之姣者無目者也目亦猶耳也子都古之姣好者也。詩云。不見子都。乃見狂且。儻無目者。乃不知子都好耳。言目之同也。○姣古卯反故曰。口之於味也。有同耆焉。耳之於聲也。有同聽焉。目之於色也。有同美焉。至於心。獨無所同然乎言人之心性皆同也心之所同然者何也。謂理也。義也。聖人先得我心之所同然耳。故理義之悅我心。猶芻豢之悅我口心所同耆者義理也。理者得道之理。聖人先得理義之要耳。理義之悅心。如芻豢之悅口。誰不同也。草牲曰芻。穀養

曰豢。章指言人稟性俱有好憎。耳目口心。所悅者同。或爲君子。或爲小人。猶麰麥不齊。雨露使然也。孟子言是。所以勗而進之

孟子曰牛山之木嘗美矣以其郊於大國也。斧斤伐之。可以爲美乎。是其日夜之所息。雨露之所潤。非無萌櫱之生焉。牛羊又從而牧之。是以若彼濯濯也。人見其濯濯也。以爲未嘗有材焉。此豈山之性也哉

牛山。齊之東南山也。邑外謂之郊。息。長也。濯濯。無草木之貌。牛山木嘗盛美。以在國郊。斧斤牛羊。使之不得有草木耳。非山之性無草木也。○櫱五割反

雖存乎人

者豈無仁義之心哉其所以放其良心者亦猶斧斤之於木也旦旦而伐之可以爲美乎其日夜之所息平旦之氣其好惡與人相近也者幾希存在也言雖在人之性亦猶山之有草木人豈無仁義之心邪其日夜之思欲息長仁義平旦之志氣其好惡凡人皆有與賢人相近之心幾豈也豈希言不遠也○好惡上呼報反下烏路反則其旦晝之所爲有梏亡之矣梏之反覆則其夜氣不足以存夜氣不足以存則其違禽獸不遠矣人見其禽獸也

而以爲未嘗有才焉者是豈人之情也哉旦晝晝日也其所爲萬事有梏亂之使亡失其日夜之所息也梏之反覆利害干其心其夜氣不能復存也人見惡人禽獸之行以爲未嘗有善才性此非人之情也○梏古沃反故苟得其養無物不長苟失其養無物不消孔子曰操則存舍則亡出入無時莫知其鄉惟心之謂與誠得其養若雨露於草木法度於仁義何有不長也誠失其養若斧斤牛羊之消草木利欲之消仁義何有不盡也孔子曰持之則在縱之則亡莫知其鄉鄉猶里以喻居也獨心爲若是也章指言秉心持正使邪不干猶止斧斤不伐牛山山則木

茂。人則稱仁也。○舍上聲

孟子曰。無或乎王之不智也王。齊王也。或。怪也。時人有怪王不智。而孟子不輔之。故言此也雖有天下易生之物也。一日暴之。十日寒之。未有能生者也。吾見亦罕矣。吾退而寒之者至矣。吾如有萌焉何哉種易生之草木五穀。一日暴溫之。十日陰寒以殺之。物何能生。我亦希見於王。既見而退。寒之者至。謂左右佞諂順意者多。譬諸萬物。何由得有萌芽生也。○易以豉反。暴音僕見文公音現

今夫弈之爲數。小數也。不專心致志。則不得也弈。博也。或曰圍棊。論語曰。不有博弈者乎。數。技也。雖小技。

不專心則不得也弈秋通國之善弈者也使弈秋誨
二人弈其一人專心致志惟弈秋之爲聽一
人雖聽之一心以爲有鴻鵠將至思援弓繳
而射之雖與之俱學弗若之矣爲是其智弗
若與曰非然也有人名秋通一國皆謂之善弈曰弈秋使敎二人弈其一人惟秋所善而聽之其一人念欲射鴻鵠故不如也爲是謂其智不如也曰非也以不致志也故齊王之不智亦若是章指言弈爲小數不精不能一人善之十人惡之雖竭其道何由智哉詩云濟濟多士文王以寧此之謂也○繳音灼射音石爲是于僞反孟子

曰魚我所欲也熊掌亦我所欲也二者不可得兼舍魚而取熊掌者也生亦我所欲也義亦我所欲也二者不可得兼舍生而取義者也熊掌熊蹯也以喻義魚以喻生也○舍上聲生亦我所欲所欲有甚於生者故不爲苟得也死亦我所惡所惡有甚於死者故患有所不辟也如使人之所欲莫甚於生則凡可以得生者何不用也使人之所惡莫甚於死者則凡可以辟患者

何不爲也有甚於生者。謂義也。義者不可苟得。有甚於死者。謂無義也。不苟辟患也。莫甚於生。則苟利而求生矣。莫甚於死。則可辟患。不擇善。何不爲耳。○惡去聲。下竝同。辟音避由是則生而有不用也。由是則可以辟患而有不爲也。是故所欲有甚於生者。所惡有甚於死者。非獨賢者有是心也。人皆有之。賢者能勿喪耳有不用。不用苟生也。有不爲。不爲苟惡而辟患也。有甚於生。義甚於生也。有甚於死。惡甚於死也。凡人皆有是心。賢者能勿喪亡之也一簞食。一豆羹。得之則生。弗得則死。嘑爾而與之。

行道之人弗受蹴爾而與之乞人不屑也人之餓者。得此一器食可以生。不得則死。嘑爾猶呼爾。咄啐之貌也。行道之人。道中凡人。以其賤己。故不肯受也。蹴。蹋也。以足踐蹋與之。乞人不絜之。亦由其小。故輕而不受也。嘑呼故反。蹴音蹙。咄都忽反。啐音倅。萬鍾則不辯禮義而受之萬鍾於我何加焉爲宮室之美妻妾之奉所識窮乏者得我與言一簞食則貴禮。至於萬鍾。則不復辯別有禮義與不。鍾。量器也。萬鍾於己身何加益哉。己身不能獨食萬鍾也。豈不爲廣美宮室。供奉妻妾。施與所知之人窮乏者。爲去聲。下竝同。與平聲。又如字。鄉爲身死而不受今爲宮室之美爲之。鄉爲身死而不受。今爲妻妾之奉爲之。鄉爲身死而不受。今爲所識窮乏者得我而爲之。是亦不可以已乎。此之謂失其本心。鄉者不得簞食而食則身死，尚不受也。今爲此三者爲之，是不亦可以止乎。所謂失其本心也。章指言舍生取義，義之大者也。簞食萬鍾，用有輕重，縱彼納此，蓋違其本。凡人皆然，君子則否，所以殊也。〔鄉〕去聲。〔爲〕之，如字。

孟子曰：仁，人心也；義，人路也。舍其路而弗由，放其心而不知求，哀哉。不行仁義者，不由路，不求心者也，可哀憫哉。人有雞犬放則知求之有放心而不知求學問之道無他求其放心而已矣人知求雞狗莫知求其心者惑也學問所以求之章指言由路求心為得其本追逐雞狗務其末也學以求之詳矣孟子曰今有無名之指屈而不信非疾痛害事也如有能信之者則不遠秦楚之路為指之不若人也無名之指手之第四指也蓋以其餘指皆有名無名指者非手之用指也雖不疾痛妨害於事猶欲信之不遠秦楚為指不若人故也○信音伸為去聲指不若人則知惡之心不若人則不知惡此之謂不

知類也　心不若人可惡之大者也而反惡指故曰不知其類也類事也章指言舍大惡小不知其要憂指忘心不鄉於道是以君子惡之也

孟子曰拱把之桐梓人苟欲生之皆知所以養之者至於身而不知所以養之者豈愛身不若桐梓哉弗思甚也　拱合兩手也把以一手把之也桐梓皆木名也人皆知灌溉而養之至於養身之道當以仁義而不知用豈於身不若桐梓哉不思之甚也章指言莫知養身而養樹木失事違務不得所急所以誡未達者也

孟子曰人之於身也兼所愛兼所愛則兼所養也無尺寸之膚不

愛焉則無尺寸之膚不養也人之所愛則養之於身也一尺一寸之膚養相及也所以考其善不善者豈有他哉於己取之而已矣考知其善否皆在己之所養也體有貴賤有小大無以小害大無以賤害貴養其小者爲小人養其大者爲大人養小則害大養賤則害貴小口腹也大心志也頭頸貴者也指拇賤者也不可舍貴養賤也務口腹者爲小人治心志者爲大人今有場師舍其梧檟養其樲棘則爲賤場師焉場師治場圃者場以治穀圃園也梧桐檟梓皆木名樲棘小棘所謂酸棗也言此以

喻人舍大養小。故曰賤場師也。○攢音貫　樲音貳　養其一指。而失其肩背而不知也。則爲狼疾人也。謂醫養人疾。治其一指。而不知其肩背之有疾。以至於害之。此爲狼籍亂。不知治疾之人也。飲食之人。則人賤之矣。爲其養小以失大也。飲食之人。無有失也。則口腹豈適爲尺寸之膚哉。飲食之人。人所以賤之者。爲其養口腹而失道德耳。如使不失道德。存仁義以往。不嫌於養口腹也。故曰口腹豈但爲肥長尺寸之膚邪。亦爲懷道者也。章指言養其行。治其正。俱用智力。善惡相厲。是以君子居處思義。飲食思禮也。○爲其。去聲

公都子問曰鈞

是人也或爲大人或爲小人何也（鈞同也言有大有小何也）孟子曰從其大體爲大人從其小體爲小人（大體心思禮義小體縱恣情慾）曰鈞是人也或從其大體或從其小體何也（公都子言人何獨有從小體也）曰耳目之官不思而蔽於物物交物則引之而已矣心之官則思思則得之不思則不得也此天之所與我者先立乎其大者則其小者弗能奪也此爲大人而已矣（孟子曰人有耳目之官不思故爲物所蔽官精

神所在也。謂人有五官六府。物事也。利欲之事來交。引其精神。心官不思善。故失其道而陷爲小人也。此乃天所與人情性。先立乎其大者。謂生而有善性也。小者情欲也。善勝惡則惡不能奪。章指言天與人性。先立其大。心官思之。邪不乖越。故謂之大人也。

孟子曰有天爵者。有人爵者。仁義忠信。樂善不倦。此天爵也。公卿大夫。此人爵也。天爵以德。人爵以祿。樂音洛。下同。古之人脩其天爵。而人爵從之。今之人脩其天爵。以要人爵。既得人爵。而棄其天爵。則惑之甚者也。人爵從之。人爵自至也。以要人爵。要求也。得人爵。棄天爵。

惑之甚也。（要）音邀下同。終亦必亡而已矣。棄善忘德。終必亡之。章指言古脩天爵自樂之也。今要人爵。以誘時也。得人棄天道之忌也。惑以招亡。小人事也。

孟子曰。欲貴者。人之同心也。人人有貴於己者。弗思耳。人之所貴者。非良貴也。趙孟之所貴。趙孟能賤之。人皆同欲貴之心。人人自有貴者在己身。不思之耳。在己者。謂仁義廣譽也。凡人之所貴富貴。故曰非良貴者。趙孟。晉卿之貴者也。能貴人。又能賤人。人之所自有者。他人不能賤之也。詩云。既醉以酒。既飽以德。言飽乎仁義也。所以不願人之膏粱之味也。

令聞廣譽施於身，所以不願人之文繡也。詩大雅既醉之篇。言飽德者，飽仁義之於身，身之貴者也。不願人膏粱矣。膏粱，細粱如膏者也。文繡，繡衣服也。章指言所貴在身，人不知求。膏粱文繡，己之所優。趙孟所貴，何能比之。是以君子貧而樂也。○聞音問

孟子曰：仁之勝不仁也，猶水勝火。今之為仁者，猶以一杯水救一車薪之火也，不熄，則謂之水不勝火，此又與於不仁之甚者也，亦終必亡而已矣。水勝火，取水足以制火，一杯水何勝一車薪之火也。以此謂水不勝火，為仁者亦若是，則與作不仁之甚者也。亡猶無也。

亦終必無仁矣。章指言爲仁不至。不反諸己。謂水勝火。熄而後已。不仁之甚。終必亡矣。爲道不卒。無益於賢也。○【熄】音息

孟子曰。五穀者種之美者也。苟爲不熟。不如荑稗。夫仁亦在乎熟之而已矣。熟。成也。五穀雖美。種之不成。不如荑稗之草。其實可食。爲仁不成。猶是也。章指言功毁幾成。人在慎終。五穀不熟。荑稗是勝。是以爲仁必其成也。○【荑】音蹄【稗】蒲賣反

孟子曰。羿之教人射。必志於彀。學者亦必志於彀。羿。古之工射者。彀。張也。張弩向的者。用思要專也。學者志道。猶射者之張也。○【彀】古候反【思】息二反 大匠誨人。必以規矩。學者亦必以規

矩大匠。攻木之工。規所以爲圓也。矩所以爲方也。誨。教也。教人必須規矩。學者以仁義爲法式。亦猶大匠以規矩者也。章指言事各有本。道有所隆。彀張規矩。以喻爲仁。學不爲仁。猶是二教失其法而行之也

孟子卷第十一

告子上

相臺岳氏刻梓荊谿家塾

孟子卷第十二

告子章句下

任人有問屋廬子曰禮與食孰重任國之人問孟子弟子屋廬連問二者何者爲重○任音王曰禮重荅曰禮重色與禮孰重曰禮重重如上也曰以禮食則飢而死不以禮食則得食必以禮乎親迎則不得妻不親迎則得妻必親迎乎任人難屋廬子云若是則必待禮乎○迎魚慶反難乃旦反屋廬子不能對明日之鄒以告孟子孟

子曰於荅是也何有於音烏歎辭也何有爲不可荅也○於音烏文公如字不揣其本而齊其末方寸之木可使高於岑樓金重於羽者豈謂一鉤金與一輿羽之謂哉取食之重者與禮之輕者而比之奚翅食重取色之重者與禮之輕者而比之奚翅色重孟子言夫物當揣量其本以齊等其末知其大小輕重乃可言也不節其數累積方寸之木可使高於岑樓岑樓山之銳嶺者寧可謂寸木高於山邪金重於羽謂多少同而金重耳一帶鉤之金豈重一車羽邪如取食色之重者比禮之輕者何翅食色

告子下

重哉。翅。辭也。若言何其不重也。揣初委反 翅與啻同。施智反 往應之曰。紾兄之臂而奪之食則得食。不紾則不得食。則將紾之乎。踰東家牆而摟其處子則得妻。不摟則不得妻則將摟之乎。敎屋廬子往應任人如是。紾。戾也。摟。牽也。處子。處女也。則是禮重食色輕者也。章指言臨事量宜。權其輕重。以禮爲先。食色爲後。若有偏殊。從其大者。屋廬子未達。故譬摟紾也。○紾音軫。又徒展反 摟音婁。後同 曹交問曰。人皆可以爲堯舜。有諸。孟子曰。然。曹交。曹君之弟。交。名也。荅曰然者。言人皆有仁義之心。堯舜行仁義而已 交聞文王十尺湯九尺今交九尺四寸以長食粟而已如何則可交聞文王與湯皆長而聖今交亦長獨但食粟而已當如何○長如字曰奚有於是亦爲之而已矣有人於此力不能勝一匹雛則爲無力人矣今曰舉百鈞則爲有力人矣然則舉烏獲之任是亦爲烏獲而已矣夫人豈以不勝爲患哉弗爲耳孟子曰何有於是言乎仁義之道亦當爲之乃爲賢耳人言我力不能勝一小雛則謂之無力之人言我能舉百鈞百鈞三十斤也則謂之有力之人矣烏獲古之有力人也能移舉千

鈞。人能舉其所任。是爲烏獲才也。夫一匹雛不舉。豈患不能勝哉。但不爲之耳。○（勝）文公平聲（匹）如字（雛）士于反

徐行後長者謂之弟。疾行先長者謂之不弟。夫徐行者豈人所不能哉。所不爲也

長者。老者也。弟。順也。人誰不能徐行者患不肯爲也。○（後）文公去聲（長）張丈反下皆同（先）文公去聲

堯舜之道。孝弟而已矣。子服堯之服。誦堯之言。行堯之行。是堯而已矣。子服桀之服。誦桀之言。行桀之行。是桀而已矣

孝弟而已。人所能也。堯服。衣服不踰禮也。堯言。仁義之言。堯行。孝弟之行。桀服。譎詭非常之服。桀言

不行仁義之言。桀行。淫虐之行也。爲堯似堯。爲桀似桀。○之行下孟反。下同曰。交得見於鄒君可以假館願留而受業於門交欲學於孟子。願因鄒君假館舍。備門徒也。○見音現曰。夫道若大路然。豈難知哉。人病不求耳。子歸而求之有餘師孟子言堯舜之道。較然若大路。豈有難知。人苦不肯求耳。子歸曹而求行其道。有餘師。師不少也。不必留此學也。章指言天下大道。人並由之。病於不爲。不患不能。是以曹交請學。孟子辭焉。蓋詩三百。一言以蔽之。○較音角

公孫丑問曰。高子曰。小弁小人之詩也。孟子曰。何以言之。曰。怨高子。

齊人也。小弁。小雅之篇。伯奇之詩也。怨者。曰。
怨親之過。故謂之小人。○弁音盤。下同
固哉高叟之爲詩也。有人於此。越人關弓而
射之。則己談笑而道之。無他。疏之也。其兄關
弓而射之。則己垂涕泣而道之。無他。戚之也。
小弁之怨。親親也。親親。仁也。固矣夫。高叟之
爲詩也。固。陋也。高子年長。孟子曰。陋哉高父
之爲詩也。疏。越人。故談笑。戚。親也。親
其兄。故號泣而道之。怪怨之意也。伯奇仁人。
而父虐之。故作小弁之詩曰。何辜于天。親親
而悲怨之辭也。重言固陋。傷高叟不達詩人
之意甚也。○爲詩。猶解說也。關音彎。射食亦

反

曰凱風何以不怨

詩邶風凱風之篇也。公孫丑曰。凱風亦孝子之詩。何以獨不怨。○邶音佩

曰凱風親之過小者也小弁親之過大者也親之過大而不怨是愈疏也親之過小而怨是不可磯也愈疏不孝也不可磯亦不孝也孔子曰舜其至孝矣五十而慕

孟子曰。凱風言莫慰母心。母心不悅也。知親之過小也。小弁曰。行有死人。尚或墐之。而曾不閔己。知親之過大也。愈益也。過已大矣。而孝子不怨。思其親之意。何爲如是。是益疏之道也。故曰不孝。磯激也。過小耳。而孝子感激。輒怨其親。是亦不孝也。孔子以舜年五十。而

思慕其親不殆。稱曰孝之至矣。孝之不可以已也。知高叟譏小弁爲不得矣。章指言生之膝下。一體而分。喘息呼吸。氣通於親。當親而疏。怨慕號天。是以小弁之怨。未足爲愆也。○譏音機

宋牼將之楚。孟子遇於石丘。曰。先生將何之。宋牼。宋人。名牼。學士年長者。故謂之先生。石丘。地名也。道遇。問欲何之。○牼口莖反曰。吾聞秦楚構兵。我將見楚王說而罷之。楚王不悅。我將見秦王說而罷之。二王我將有所遇焉。牼自謂往說二王。必有所遇。得從其志。○說音稅。下皆同曰。軻也請無問其詳。願聞其指。說之將何如。孟子敬宋

牼自稱其名曰軻不敢詳問願聞其指欲如何說之曰我將言其不利也牼曰我將爲二王言興兵之不利也○爲去聲下以意推曰先生之志則大矣先生之號則不可先生以利說秦楚之王秦楚之王悅於利以罷三軍之師是三軍之士樂罷而悅於利也爲人臣者懷利以事其君爲人子者懷利以事其父爲人弟者懷利以事其兄是君臣父子兄弟終去仁義懷利以相接然而不亡者未之有也孟子曰先生志

誠大矣。所稱名號。不可用也。二王悅利罷三軍。三軍士樂之而悅利。則舉國尚利以相接待。而忘仁義。則其國亡矣。○樂音洛。下皆同

先生以仁義說秦楚之王。秦楚之王悅於仁義而罷三軍之師。是三軍之士樂罷而悅於仁義也。爲人臣者懷仁義以事其君。爲人子者懷仁義以事其父。爲人弟者懷仁義以事其兄。是君臣父子兄弟去利懷仁義以相接也。然而不王者。未之有也。何必曰利。以仁義之道。不忍興兵。三軍之士悅。國人化之。咸以仁義

相接可以致王。何必以利爲名也。章指言上之所欲。下以爲俗。俗化於善。久而致平。俗化於惡。久而致傾。是以君子創業。愼其所以爲名也。○(王)文公去聲

孟子居鄒。季任爲任處守。以幣交。受之而不報。處於平陸。儲子爲相。以幣交。受之而不報。任。薛之同姓小國也。季任。任君季弟也。任君朝會於鄰國。季任爲之居守其國也。致幣帛之禮以交孟子。孟子受之而未報也。平陸。齊下邑也。儲子。齊相也。亦致禮以交孟子。而未荅也。○(任)平聲。下同。(處)音杵。(朝)音潮

他日由鄒之任。見季子。由平陸之齊。不見儲子。屋廬子喜曰。連得閒矣。問曰。夫子之

任見季子，之齊不見儲子。爲其爲相與？連，屋盧子名也。見孟子荅此二人有異，故喜曰：連今日乃得一見夫子與之閒隙也。俱荅二人，獨見季子，不見儲子者，以季子當君國子民之處，儲子爲相，故輕之邪？○閒音閑。相，息亮反。

曰：非也。書曰：享多儀，儀不及物曰不享，惟不役志于享。爲其不成享也。孟子曰：非也，非以儲子爲相故不見。尚書洛誥篇曰：享多儀，言享見之禮多儀法也。物，事也。儀不及事，謂有闕也，故曰不成享禮。儲子本禮不足，故我不見也。

屋盧子悅。或問之。屋盧子曰：季子不得之鄒，儲子得之平陸。屋盧子已曉其意，聞義而服。故悅也。人問之曰。何爲若是。屋廬子曰。季子守國。不得越境至鄒。不身造孟子可也。儲子爲相。得循行國中。但遙交禮。爲其不尊賢故荅而不見。見。章指言君子交接。動不違禮。享見之儀。亢荅不差。是以孟子或見或否。各以其宜也

淳于髡曰。先名實者爲人也。後名實者自爲也。夫子在三卿之中。名實未加於上下而去之。仁者固如此乎淳于。姓。髡。名也。齊之辯士。名者。有道德之名。實者。治國惠民之功實也。齊大國有三卿。謂孟子嘗處此三卿之中矣。未聞名實下濟於民。上匡其君。而速去之。仁者之道。固當然邪○髡音坤先後爲文公竝去聲

孟子曰。居下位。不以賢事不

肖者伯夷也五就湯五就桀者伊尹也不惡汚君不辭小官者柳下惠也三子者不同道其趨一也伊尹爲湯見貢於桀桀不用而歸湯湯復貢之如此者五思濟民冀得施行其道也此三人雖異道所履者一也○惡烏路反汚烏路反趨讀與趣同文公去聲一者何也髡問一者何也曰仁也君子亦仁而已矣何必同孟子言君子進退行止未必同也趨於履仁而已髡譏其速去故引三子以喻意也曰魯繆公之時公儀子爲政子柳子思爲臣魯之削也滋甚若是乎賢者之無益

於國也髠曰魯繆公時公儀休爲執政之卿子柳泄柳也子思孔伋也二人爲師傅之臣不能救魯之見削奪亡其土地者多若是賢者無所益於國家者何用賢爲○繆音穆曰虞不用百里奚而亡秦繆公用之而霸不用賢則亡削何可得與孟子云百里奚所去國亡所在國霸無賢國亡何但得削豈可不用賢也曰昔者王豹處於淇而河西善謳緜駒處於高唐而齊右善歌華周杞梁之妻善哭其夫而變國俗有諸內必形諸外爲其事而無其功者髠未嘗覩之也是故

無賢者也有則髡必識之王豹衛之善謳者淇水名衛詩竹竿之篇曰泉源在左淇水在右碩人之篇曰河水洋洋北流活活衛地濵於淇水在北流河之西故曰處淇水而河西善謳所謂鄭衛之聲也緜駒善歌者也高唐齊西邑緜駒處之故曰齊右善歌華周華旋也杞梁杞殖也二人齊大夫死於戎事者其妻哭之哀城爲之崩國俗化之則效其哭髡曰如是歌哭者尚能變俗有中則見外爲之而無功者髡不聞也有功乃爲賢者不見其功故謂之無賢者也如有之則髡必識知之○華胡化反

曰孔子爲魯司寇不用從而祭燔肉不至不稅冕而行不知者以爲爲肉也其知者以爲爲

無禮也。乃孔子則欲以微罪行。不欲爲苟去。君子之所爲。衆人固不識也孟子言孔子爲魯賢臣。不用。不能用其道也。從魯君而祭於宗廟。當賜大夫以胙。燔肉不至。膰炙者爲燔。詩云。燔炙芬芬。反歸其舍。未及稅解祭之冕而行。出適他國。不知者。以爲不得燔肉而愠也。知者。以爲爲君無禮。乃欲以微罪行。燔肉不至。我黨從祭之禮不備。有微罪乎。乃聖人之妙旨。不欲爲誠欲急去也。衆人固不能知君子之所爲。謂髡不能知賢者之志也。章指言見幾而作。不俟終日。孔子將行。冕不及稅。庸人不識。課以功實。淳于雖辯。終亦屈服。正者勝也。○稅音脫。爲肉。于僞反。下爲無同。膊普各反

孟子曰。五霸者。三王之罪

人也五霸者，大國秉直道以率諸侯，齊桓、晉文、秦繆、宋襄、楚莊是也。三王，夏禹、殷湯、周文王是也。○先儒説五霸不同，有以夏伯昆吾、商伯大彭、豕韋、周伯齊桓、晉文爲五霸。今之諸侯，五霸之罪人也；今之大夫，今之諸侯之罪人也。謂當孟子之時諸侯及大夫也。諸侯臣揔謂之大夫。罪人之事，下別言之。天子適諸侯曰巡狩，諸侯朝於天子曰述職。春省耕而補不足，秋省斂而助不給。入其疆，土地辟，田野治，養老尊賢，俊傑在位，則有慶，慶以地。入其疆，土地荒蕪，遺老失賢，掊克在位則有讓一不朝則貶其爵再不朝則削其地三不朝則六師移之是故天子討而不伐諸侯伐而不討五霸者摟諸侯以伐諸侯者也故曰五霸者三王之罪人也巡狩述職皆以助人民慶賞也養老尊賢能者在位賞之以地益其地也掊克不良之人在位則責讓之不朝至三討之以六師移之就之也討者上討下也伐者敵國相征伐也五霸強摟牽諸侯以伐諸侯不以王命也於三王之法乃罪人也○辟音闢下辟土同洎文公平聲掊薄侯反

五霸桓公爲盛葵丘之會諸侯束牲載書

而不歃血。初命曰。誅不孝。無易樹子。無以妾爲妻。再命曰。尊賢育才。以彰有德。三命曰。敬老慈幼。無忘賓旅。四命曰。士無世官。官事無攝。取士必得。無專殺大夫。五命曰。無曲防。無遏糴。無有封而不告。曰。凡我同盟之人。既盟之後。言歸于好。今之諸侯。皆犯此五禁。故曰今之諸侯。五霸之罪人也齊桓公。五霸之盛者也。與諸侯會于葵丘。束縛其牲。但加載書。不復歃血。言畏桓公。不敢負也。不得專誅不孝。樹。立也。已立世子不得擅易也不得立愛妾爲嫡也尊賢養才所以彰明有德之人敬老愛小恤矜孤寡賓客覊旅勿忘忽也仕爲大臣不得世官賢臣乃得世祿也官事無攝無曠庶僚也取士必得賢立之無方也無專殺大夫不得以私怒行誅戮也無敢違王法而以己曲意設防禁也無遏止穀糴不通鄰國也無以私恩擅有所封賞而不告盟主也言歸于好無構怨也桓公施此五命而今諸侯皆犯之故曰罪人也○〔歃〕所洽反〔糴〕音狄〔好〕呼報反

長君之惡其罪小逢君之惡其罪大今之大夫皆逢君之惡故曰今之大夫今之諸侯之罪人也

君有惡命臣長大而宣之其罪在不能距逆君命故曰小也逢迎也君之惡心

未發。臣以諂媚逢迎，而導君爲非，故曰罪大。今諸侯之大夫，皆逢君之惡，故曰罪人也。章指言王道寖衰，轉爲罪人。孟子傷之，是以博思古法，匡時君也。○長，張丈反。又如字。

魯欲使慎子爲將軍。孟子曰：不教民而用之，謂之殃民。殃民者，不容於堯舜之世。一戰勝齊，遂有南陽，然且不可。慎子善用兵者。不教民以仁義，而用之戰鬬，是使民有殃禍也。堯舜之世，皆行仁義，故好戰殃民者，不能自容也。就使慎子能爲魯一戰取齊南陽之地，且猶不可。山南曰陽，岱山之南，謂之南陽也。慎子勃然不悅曰：此則滑釐所不識也。滑釐，慎子名。不悅，故曰我所不知此。

言何謂也○滑音骨釐力之反曰吾明告子天子之地方千里不千里不足以待諸侯諸侯之地方百里不百里不足以守宗廟之典籍周公之封於魯爲方百里也地非不足而儉於百里太公之封於齊也亦爲方百里也地非不足也而儉於百里今魯方百里者五子以爲有王者作則魯在所損乎在所益乎徒取諸彼以與此然且仁者不爲況於殺人以求之乎孟子見愼

子不悦。故曰明告子。天子諸侯。地制如是。諸侯當來朝聘。故言守宗廟典籍。謂先祖常籍法度之文也。周公。太公。地尚不能滿百里。儉而不足也。後世兼侵小國。今魯乃五百里矣。有王者作。若文王武王者。子以爲魯在所損之中邪。在所益之中也。言其必見損也。但取彼與此爲無傷害。仁者尚不肯爲。況戰鬬殺人以求廣土地乎。

君子之事君也。務引其君以當道。志於仁而已。言君子事君之法。牽引其君以當正道者。仁也。志仁而巳。欲使愼子輔君以仁。章指言招攜懷遠。貴以德禮。旣其用兵。廟勝爲上。戰勝爲下。明賤戰也。

孟子曰。今之事君者曰。我能爲君辟土地。充府庫。今之所謂良臣。古之所謂民賊也（辟土地。侵鄰國也。充府庫。重賦斂也。今之所謂良臣者。於古之法爲民賊。傷民故謂之賊也。○爲去聲。下同）君不鄉道不志於仁。而求富之。是富桀也（爲惡君聚斂以富之。爲富桀也。謂若夏桀也。○鄉音向。下同）我能爲君約與國。戰必克。今之所謂良臣。古之所謂民賊也（連諸侯以戰。求必勝也）君不鄉道。不志於仁。而求爲之強戰。是輔桀也（說與上同）由今之道。無變今之俗。雖與之天下。不能一朝居也（今之道非善道。今之世俗漸惡久矣。若不變更。雖得天下之政而治

告子下

之不能自安一朝之閒居其位也章指言善爲國者必藏於民賊民以往其餘何觀變俗移風非樂不化以亂濟民不知其善也

白圭曰吾欲二十而取一何如白圭周人也節以貨殖欲省賦利民使二十而稅一孟子曰子之道貉道也萬室之國一人陶則可乎貉夷貉之人在荒服者也貉之稅二十而取一萬家之國使一人陶瓦器則可乎以此喻白圭所言也○貉音陌下同曰不可器不足用也白圭曰一人陶則瓦器不足以供萬室之用也曰夫貉五穀不生惟黍生之無城郭宮室宗廟祭祀之禮無諸侯幣帛饔飧無

百官有司故二十取一而足也貉在北方其氣寒不生五穀黍早熟故獨生之也無中國之禮如此之用故可二十取一而足也○飧音孫今居中國去人倫無君子如之何其可也陶以寡且不可以爲國況無君子乎欲輕之於堯舜之道者大貉小貉也欲重之於堯舜之道者大桀小桀也今之居中國當行禮義而欲效夷貉無人倫之敘無君子之道豈可哉陶器者少尚不可以爲國況無君子之道乎堯舜以來什一而稅足以行禮故以此爲道今欲輕之二十稅一者夷貉爲大貉子爲小貉也欲重之過什一則夏桀爲

大桀。子爲小桀也。章指言先王典禮。萬世可遵。什一供貢。下富上尊。裔土簡惰。二十而稅。夷狄有君。不足爲貴。圭欲法之。孟子斥之以王制也。白圭曰。丹之治水也愈於禹。丹。名。圭。字也。當諸侯時。有小水。白圭爲治除之。因自謂過禹也。孟子曰。子過矣。禹之治水。水之道也。是故禹以四海爲壑。今吾子以鄰國爲壑。水逆行謂之洚水。洚水者。洪水也。仁人之所惡也。吾子過矣。子之所言過矣。禹除中國之害。以四海爲溝壑。以受其害水。故後世賴之。今子除水。近注之鄰國。觸於洚水之名。仁人惡爲之。自以爲愈於禹。子亦過甚矣。章指言君子除害。

晉爲人也。白圭壑鄰。亦以狹矣。是故賢者志其大者遠者也。惡烏路反孟子曰。君子不亮。惡乎執。亮。信也。易曰。君子履信思順。若爲君子之道。舍信將安執之。章指言論語曰。自古皆有死。民無信不立。重信之至也。惡音烏魯欲使樂正子爲政。樂正子克也。魯君欲使之執政於國。孟子曰。吾聞之。喜而不寐。喜其人道德得行。爲之喜而不寐公孫丑曰。樂正子強乎。曰否。有知慮乎。曰否。多聞識乎。曰否。丑問樂正子有此三問之所能乎。孟子皆曰否。不能有此也。知音智然則奚爲喜而不寐。丑問無此三者。何爲喜而不寐曰。其爲人也好善孟子言樂正子之爲人也能好善。故爲之喜好善足乎丑問人但好善。足以治國乎曰好善優於天下。而況魯國乎。夫苟好善則四海之內皆將輕千里而來告之以善夫苟不好善則人將曰訑訑予既已知之矣訑訑之聲音顏色距人於千里之外孟子曰。好善。樂聞善言。是采用之也。以此治天下。可以優之。虞舜是也。何況於魯。不能治乎。人誠好善。四海之士。皆輕行千里。以善來告之。誠不好善。則其人將曰訑訑賤他人之言。訑訑者。自足其智。不嗜善言之貌。訑訑之人。發聲音。見顏色。人皆知其不欲受善言也。道術

之士聞之。止於千里之外而不來也。訑吐禾反。蓋言辭不正。欺罔於人。自誇大之貌。又音他。又說文音怡。文公音移

士止於千里之外則讒諂面諛之人至矣與讒諂面諛之人居國欲治可得乎懷善言之士。止於千里之外。不肯就之。則邪惡順意之人至矣。與邪惡居。欲使國治。豈可得乎。章指言好善從人。聖人一槩。禹聞讜言。荅之而拜。訑訑吐之。善人亦逝。善去惡來。道若合符。詩曰。雨雪瀌瀌。見睍聿消。此之謂也

陳子曰古之君子何如則仕陳臻問古之君子。得何禮可以仕也孟子曰所就三所去三。迎之致敬以有禮。言將行其言也。

告子下

則就之禮貌未衰言弗行也則去之其次雖未行其言也迎之致敬以有禮則就之禮貌衰則去之其下朝不食夕不食飢餓不能出門戶君聞之曰吾大者不能行其道又不能從其言也使飢餓於我土地吾恥之周之亦可受也免死而已矣所去就謂下事也禮者接之以禮也貌者顏色和順有樂賢之容禮衰不敬也貌衰不悅也其下者困而不能與之祿則當去矜其困而周之苟免死而已此三就三去之道窮餓而去不疑也故不言去免死而留為死故也權

時之宜。嫌其疑也。故載之也。章指言士雖正道。亦有量宜。聽言爲上。禮貌次之。困而免死。斯爲下矣。備此三科。亦無疑也

孟子曰。舜發於畎畝之中。傅說舉於版築之間。膠鬲舉於魚鹽之中。管夷吾舉於士。孫叔敖舉於海。百里奚舉於市。故天將降大任於是人也。必先苦其心志。勞其筋骨。餓其體膚。空乏其身。行拂亂其所爲。所以動心忍性。曾益其所不能。舜耕歷山。三十徵庸。傅說築傅巖。武丁舉以爲相。膠鬲。殷之賢臣。遭紂之亂。隱遁爲商。文王於鬻販魚鹽之中得其人。舉

之以爲臣也。士。獄官也。管仲自魯囚執於士官。桓公舉以爲相國。孫叔敖隱處耕於海濱。楚莊王舉之以爲令尹。百里奚亡虞適秦。隱於都市。繆公舉之於市。而以爲相也。言天將降下大事以任聖賢。必先勤勞其身。餓其體而瘠其膚。使其身乏資絶糧。所行不從。拂戾而亂之者。所以動驚其心。堅忍其性。使不違仁。困而知勤。曾益其素所以不能行。○說音悦。鬲音隔。拂音佛。曾與增同。

人恒過。然後能改。困於心。衡於慮。而後作。徵於色。發於聲。而後喻。

人常以有繆思過行不得福。然後乃更其所爲。以不能爲能也。困瘁於心。衡。横也。横塞其慮於胷臆之中。而後作爲奇計異策憤激之説也。徵驗見於顔色。若屈原憔悴。漁父見而怪之。發於聲而

後喻。若甯戚商歌。桓公異之。○衡文公音與橫同

入則無法家拂士。出則無敵國外患者。國恒亡。然後知生於憂患而死於安樂也

入。謂國內也。無法度大臣之家。輔拂之士。出。謂國外也。無敵國可難。無外患可憂。則凡庸之君驕慢荒怠。國常以此亡也。故知能生於憂患。死於安樂也。死亡也。安樂怠惰使人亡其知能也。章指言聖賢困窮。天堅其志。次賢感激。乃奮其慮。凡人佚樂。以喪知能。賢愚之敍也。○拂音弼知音智。又如字

孟子曰。教亦多術矣。予不屑之教誨也者。是亦教誨之而已矣

教人之道多術。予我也。屑絜也。我不絜其人之行。故不教誨之。其人感此。

退自脩學。而爲仁義。是亦我敎誨之一道也。

章指言學而見賤。恥之大者。激而厲之。能者以改。敎誨之方。或折或引。同歸殊塗。成之而已

孟子卷第十二

相臺岳氏刻
梓荊谿家塾

告子下

八徵耄念之寶

太上皇帝之寶

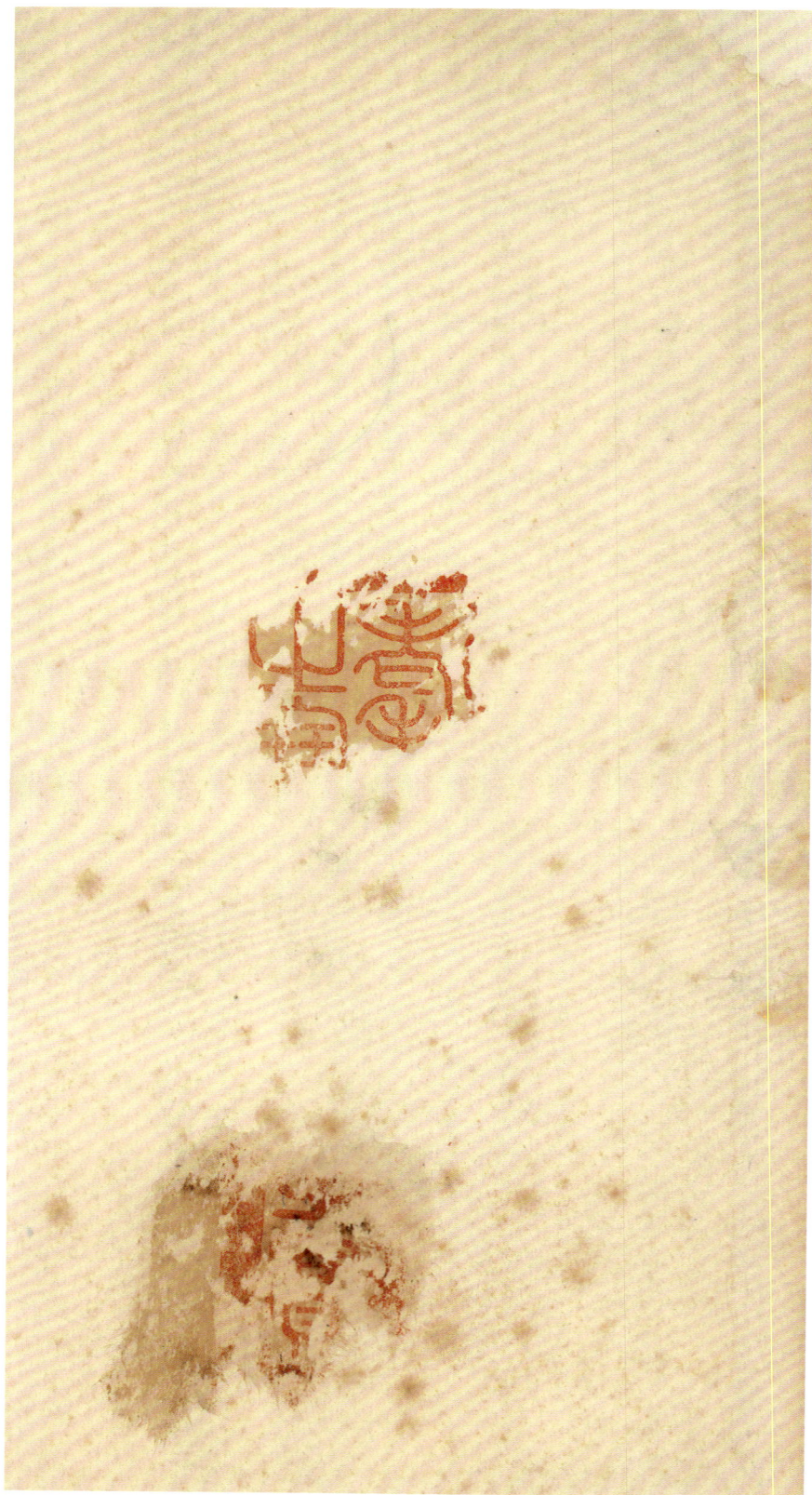

孟子卷第十三

盡心章句上

孟子曰：盡其心者，知其性也。知其性，則知天矣。性有仁義禮智之端。心以制之。惟心爲正。人能盡極其心。以思行善。則可謂知其性矣。知其性。則知天道之貴善者也。存其心，養其性，所以事天也。能存其心。養育其正性。可謂仁人。天道好生。仁人亦好生。天道無親。惟仁是與。行與天合。故曰所以事天。○好呼報反。下所好好善。好以。好利。好仁皆同。行下孟反。下之行。改行。行有。百百同殀壽不貳，脩身以俟之，所以立命也貳二也。仁人之行。一度而已。雖見前人或殀或壽。終無二心。改易其道。殀若顏淵。壽若邵公。皆歸之命。脩正其身。以待天命。此所以立命之本也。章指言盡心竭性。足以承天。殀壽禍福。秉心不違。立命之道。惟是爲珍。○殀與夭同**孟子曰莫非命也順受其正**莫。無也。人之終。無非命也。命有三名。行善得善。曰受命。行善得惡。曰遭命。行惡得惡。曰隨命。惟順受命。爲受其正也。○命有三名。出孝經援神契**是故知命者不立乎巖牆之下。盡其道而死者。正命也**知命者欲趨於正。故不立巖牆之下。恐壓覆也。盡脩身之道以壽終者。爲得正命也**桎梏死者非正命也**畏。壓。溺。禮所不弔。故曰非正命也。章

盡心上

指言人必趨命。貴受其正。巖牆之疑。君子遠之。○（遠）于願反。下遠辱同

孟子曰。求則得之。舍則失之。是求有益於得也。求在我者也。謂脩仁行義。事在於我。我求則得。我舍則失。故求有益於得也。○（舍）音捨。下皆同

求之有道。得之有命。是求無益於得也。求在外者也。謂賢者脩其天爵而人爵從之。故曰求之有道也。脩天爵者或得或否。故言得之有命也。爵祿須知己。知己者在外。非身所專。是以云求無益於得也。求在外也。章指言爲仁由己。富貴在天。故孔子曰。如不可求。從吾所好。

孟子曰。萬物皆備於我矣。反身而誠。樂莫大焉。物。事也。我。身也。

盡心上

普謂人爲成人已往。皆備知天下萬物。常有所行矣。誠者實也。反自思其身所施行。能皆實而無虛。則樂莫大焉。（樂）音洛。下皆同 強恕而行。求仁莫近焉 當自強勉以忠恕之道。求仁之術。此最爲近。章指言每必以誠。恕己而行。樂在其中。仁之至也。（強）上聲 孟子曰。行之而不著焉。習矣而不察焉。終身由之而不知其道者。衆也 人皆有仁義之心。日自行之於其所愛。而不能著明其道以施於大事。仁妻愛子。亦以習矣。而不能察知可推以爲善也。由。用也。終身用之以爲自然。不究其道可成君子。此衆庶之人也。章指言人有仁端。達之爲道。凡夫用之。不知其爲實也 孟子曰。人不可以無恥人不可以無所羞恥也。論語曰：行己有恥。**無恥之恥，無恥矣。**人能恥己之無所恥，是爲改行從善之人，終身無復有恥辱之累也。章指言：恥身無分，獨無所恥，斯必遠辱，不爲憂矣。

孟子曰：恥之於人大矣。爲機變之巧者，無所用恥焉。恥者爲不正之道，正人之所恥爲也。今造機變穽陷之巧，以攻戰者，非古之正道也。取爲一切可勝敵也，宜無以錯於廉恥之心也。**不恥不若人，何若人有？**不恥不如古之聖人，何有如賢人之名也。章指言：不慕大人，何能有恥。是以隰朋愧不及黃帝，佐齊桓以有勳；顏淵慕虞舜，仲尼歎庶幾之云。

孟子曰：古之賢王好善而忘勢。樂善而自卑，若高宗得傅

説而稟命

古之賢士何獨不然樂其道而忘人之勢何獨不然何獨不有所樂有所忘也樂道守志。若許由洗耳。可謂忘人之勢矣故王公不致敬盡禮則不得亟見之見且由不得亟而況得而臣之乎亟數也。若伯夷非其君不事。伊尹樂堯舜之道。不致敬盡禮。可數見之乎。作者七人。隱各有方。豈可得而臣之。章指言王公尊賢以貴下賤之義也。樂道忘勢。不以富貴動心之分也。各崇所尚。則義不虧矣。○亟去吏反。下同。數音朔也。

孟子謂宋句踐曰子好遊乎吾語子遊人知之亦囂囂人不知亦囂囂宋。姓也。句踐。名也。好以道德遊。欲行其道者。囂囂。自得無欲之貌。○句古侯反。語魚據反。囂五高反。又許驕反。曰：何如斯可以囂囂矣？句踐問何執守可囂囂也。曰：尊德樂義，則可以囂囂矣。尊貴也。孟子曰。能貴德而履之。樂義而行之。則可以囂囂無欲矣。故士窮不失義，達不離道。窮不失義，故士得己焉；達不離道，故民不失望焉。窮不失義。不爲不義而苟得。故得己之本性也。達不離道。思利民之道。故民不失其望也。○離力智反。古之人，得志，澤加於民；不得志，脩身見於世。窮則獨善其身，達則兼善天下。古之人。得志君

國則德澤加於民人不得志謂賢者不遭遇
也見立也獨治其身以立於世間不失其操
也是故獨善其身達謂得行其道故能兼善
天下也章指言内定常滿囂囂無憂可出可
處故云以遊脩身立世賤不失道達善天下
乃用其寶句踐好遊未得其要孟子言之然
後乃喻○見音現

孟子曰待文王而後興者凡民也

若夫豪傑之士雖無文王猶興凡民無異知
者也故須文王之大化乃能自興起以趨善道若夫豪傑
才知千萬於凡人者雖不遭文王猶能自起
以善守身正行不陷溺也章指言小人待化
乃不辟邪君子特立不爲俗移故稱豪傑自
興也○才知音智
下術知同辟音僻

孟子曰附之以韓魏之家

如其自視欲然，則過人遠矣。附益也。韓、魏，晉六卿之富者也。言人既自有家，復益以韓、魏百乘之家，其富貴已美矣，而其人欲然不足，自知仁義之道不足也，此則過人甚遠矣。章指言人情富盛，莫不驕矜，若能欲然，謂不如人，非但免過，卓絕乎凡也。○欲音坎。

孟子曰：以佚道使民，雖勞不怨。謂教民趨農，役有常時，不使失業，當時雖勞，後獲其利，則佚矣。若亟其乘屋之類也。故曰不怨。以生道殺民，雖死不怨殺者。謂殺大辟之罪者，以坐殺人故也。殺此罪人者，其意欲生民也。故雖伏罪而死，不怨殺者。章指言勞人欲以佚之，殺人欲以生之，則民無怨讟也。○辟音闢。

孟子曰：霸者之民驩虞如

也。王者之民皥皥如也。殺之而不怨。利之而不庸。民日遷善而不知爲之者霸者行善恤民。恩澤暴見易知。故民驩虞樂之也。王者道大。法天浩浩。而德難見也。殺之不怨。故曰殺人而不怨也。庸。功也。利之使趨時而農。六畜繁息。無凍餓之老。而民不知獨是王者之功。脩其庠序之教。使日遷善。亦不能覺知誰爲之者。言化大也。○虞當作娛。古字通用。皥胡老反夫君子所過者化。所存者神。上下與天地同流豈曰小補之哉君子通於聖人。聖人如天。過此世能化之。存在此國。其化如神。故言與天地同流也。天地化物。歲成其功。豈曰使成人知其小補益也。章指言王政

浩浩。與天地同道。霸者德小。民人速覩。是以賢者志其大者也

孟子曰。仁言不如仁聲之入人深也仁言。政教法度之言也。仁聲。樂聲雅頌也。仁言之政雖明。不如雅頌感人心之深也

善政不如善教之得民也善政。使民不違上。善教使民尚仁義。心易得也

善政民畏之善教民愛之善政得民財善教得民心畏之。不逋息。故賦役舉。而財聚於一家也。愛之。樂風化而上下親。故歡心可得也。章指言明法審令。民趨君命。崇寬務化。民愛君德。故曰移風易俗。莫善於樂

孟子曰。人之所不學而能者。其良能也。所不慮而知者。其良知也

不學而能。性所自能。良。甚也。是人之所能甚也。知亦猶是能也孩提之童無不知愛其親者及其長也無不知敬其兄也孩提。二三歲之閒。在繈褓知孩笑可提抱者也。少知愛親。長知敬兄。此所謂良能良知也。〇【繈】紀享反【褓】音保【少】詩妙反親親仁也敬長義也無他達之天下也人仁義之心。少而皆有之。欲爲善者無他。達。通也。但通此親親敬長之心。施之天下人而已。章指言本性良能。仁義是也。達之天下。恕乎己也。〇【長】張丈反

孟子曰舜之居深山之中與木石居與鹿豕遊其所以異於深山之野人者幾希舜耕歷山之時

盡心上

居木石之閒。鹿豕近人。若與人遊也。希。遠也。當此之時。舜與野人相去豈遠哉。及其聞一善言。見一善行。若決江河。沛然莫之能禦也。舜雖外與野人同其居處。聞人一善言則從之。見人一善行則識之。沛然不疑。若江河之流。無能禦止其所欲行。章指言聖人潛隱。辟若神龍。亦能飛天。亦能小同。舜之謂也。○行下孟反。文公同。辟音譬。下辟若同。

孟子曰。無爲其所不爲。無欲其所不欲。如此而已矣。無使人爲己所不欲爲者。無使人欲己之所不欲者。每以身況之。如此則人道足也。章指言己所不欲。勿施於人。仲尼之道也。

孟子曰。人之有德慧術智者。恒存乎疢

疾人所以有德行。智慧。道術。才智者。在於有疢疾。疢疾之人。疢疾之人。又力學。故能成德。○疢丑刃反獨孤臣孽子。其操心也危。其慮患也深。故達此即人之疢疾也。自以孤微。懼於危殆之患。而深慮之。勉爲仁義。故至於達也。章指言孤孽自危。故能顯達。膏粱難正。多用沈溺。是故在上不驕。以戒諸侯也。○孽魚列反

孟子曰。有事君人者。事是君則爲容悅者也事君。求君之意。爲苟容以悅君而已。有安社稷臣者。以安社稷爲悅者也忠臣志在安社稷而後悅也。有天民者。達可行於天下而後行之者也天民。知道者也。可行而行。可止而止。

有大人者正己而物正者也大人大丈夫不為利害動移者也正己物正象天不言而萬物化成也章指言容悅凡臣社稷股肱天民行道大人正身凡此四科優劣之差孟子曰君子有三樂而王天下不與存焉父母俱存兄弟無故一樂也仰不愧於天俯不怍於人二樂也得天下英才而教育之三樂也天下之樂不得與此三樂之中兄弟無故無他故不愧天又不怍人心正無邪也育養也教養英才成之以道皆樂也○王于況反與音豫怍音昨君子有三樂而王天下不與存焉孟子重言是美之也章指

言保親之養兄弟無他誠不愧天育養英才賢人能之樂過萬乘孟子重焉一章再云也

孟子曰廣土衆民君子欲之所樂不存焉中天下而立定四海之民君子樂之所性不存焉廣土衆民大國諸侯也所樂不存樂行禮也中天下而立謂王者所性不存謂性仁義也君子所性雖大行不加焉雖窮居不損焉分定故也大行行政於天下窮居不失性也分定故不變○分扶問反

君子所性仁義禮智根於心其生色也睟然見於面盎於背施於四體四體不言而喻四者根生

盡心上

於心。色見於面。睟然。潤澤之貌也。盎。視其背而可知。其背盎盎然盛。流於四體。四體有匡國之綱。雖口不言。人以曉喻而知之也。章指言臨涖天下。君國子民。君子之樂。尙不與存。仁義內充。身體履方。四支不言。蟠辟用張。心邪意溺。進退無容。於是之際。知其不同也（睟）音粹（見）音現（盎）烏曩反。又烏浪反

孟子曰。伯夷辟紂。居北海之濱。聞文王作興。曰盍歸乎來。吾聞西伯善養老者。大公辟紂。居東海之濱。聞文王作興。曰盍歸乎來。吾聞西伯善養老者已說於上篇。（辟）音避天下有善養老。則仁人以爲己歸矣天下有能

若文王者仁人將復歸之矣五畝之宅樹牆下以桑匹婦蠶之則老者足以衣帛矣五母雞二母彘無失其時老者足以無失肉矣百畝之田匹夫耕之八口之家足以無飢矣五雞二彘八口之家畜之足以爲畜產之本也○衣於既反所謂西伯善養老者制其田里教之樹畜導其妻子使養其老五十非帛不煖七十非肉不飽不煖不飽謂之凍餒文王之民無凍餒之老者此之謂也所謂無凍餒者教導

之。使可以養老者耳。非家賜而人益之也。章指言王政普大。教其常業。各養其老。使不凍餒。二老聞之。歸身自託。衆鳥不羅。翔鳳來集。亦斯類也

孟子曰。易其田疇。薄其稅斂。民可使富也。食之以時。用之以禮。財不可勝用也。易。治也。疇。一井也。教民治其田疇。薄其稅斂。不踰什一。則民富矣。食取其征賦以時。用之以常禮。不踰禮以費財也。故畜積有餘。財不可勝用也。○易以豉反

民非水火不生活。昏暮叩人之門戶。求水火無弗與者。至足矣。聖人治天下。使有菽粟如水火。菽粟如水火。而民焉有不仁者

乎水火能生人，有不愛者，至饒足故也。菽粟饒多若是，民皆輕施於人，何有不仁者也。章指言教民之道，富而節用，畜積有餘，焉有不仁。故曰倉廩實知禮節也。○焉，於虔反。施，始豉反。

孟子曰：孔子登東山而小魯，登太山而小天下。故觀於海者難爲水，遊於聖人之門者難爲言。所覽大者意大，觀小者志小也。觀水有術，必觀其瀾。瀾，水中大波也。日月有明，容光必照焉。容光，小郤也。言大明照幽微也。○郤，去逆反。流水之爲物也，不盈科不行；君子之志於道也，不成章不達。盈，滿也。科，欿也。流水滿欿乃行。

以喻君子。學必成章。乃仕進也。章指言弘大明者無不照。包聖道者成其仁。是故賢者志大宜爲君子

孟子曰：雞鳴而起，孳孳爲善者，舜之徒也；雞鳴而起，孳孳爲利者，蹠之徒也。欲知舜與蹠之分，無他，利與善之閒也。蹠，盜蹠也。蹠舜之分，以此別之。章指言好善從舜，好利從蹠。明明求之，常若不足。君子小人，各一趣也。○孳與孜同。蹠與跖同。之石反。

孟子曰：楊子取爲我，拔一毛而利天下，不爲也。楊子，楊朱也。爲我，爲己也。拔己一毛以利天下之民，不爲也。○爲我，于僞反。下爲其同。

墨子兼愛，摩頂放踵利天下

爲之墨子墨翟也兼愛他人摩突其頂下至於踵以利天下己樂爲之也○放方往反踵之隴反子莫執中子莫魯之賢人也其性中和專一者也執中爲近之執中無權猶執一也執中和近聖人之道然不權聖人之重權執中而不知權猶執一介之人不得時變也所惡執一者爲其賊道也舉一而廢百也所以惡執一者爲其不知權以一知而廢百道也章指言楊墨放蕩子莫執一聖人量時不取此術孔子行止唯義所在○惡烏路反

孟子曰飢者甘食渴者甘飲是未得飲食之正也飢渴害之也飢渴害其本所以知味之性令人强甘之

○強其丈反豈惟口腹有飢渴之害。人心亦皆有害。爲利欲所害。亦猶飢渴得之。人能無以飢渴之害爲心害。則不及人不爲憂矣。人能守正。不爲邪利所害。雖謂富貴之事不及逮人。猶爲君子。不爲善人所憂患也。章指言飢不妄食。忍情抑欲。賤不失道。不爲苟求。能無心害。夫將何憂。孟子曰。柳下惠不以三公易其介。介。大也。柳下惠執弘大之志。不恥汙君。不以三公榮位易其大量也。章指言柳下惠不恭。用志大也。無可無否。以賤爲貴也。孟子曰。有爲者辟若掘井。掘井九軔而不及泉。猶爲棄井也。有爲。爲仁義也。

盡心上

軔。八尺也。雖深而不及泉。喻有爲者。中道而盡棄前行也。章指言爲仁由己。必在究之。九軔而輟。無益成功。論之一簣。義與此同。○掘衢物反。又其月反。軔音刃

孟子曰。堯舜性之也。湯武身之也。五霸假之也。性之。性好仁自然也。身之。體之行仁。視之若身也。假之。假仁以正諸侯也。久假而不歸。惡知其非有也。五霸若能久假仁義。譬若假物。久而不歸。安知其不眞有也。章指言仁在性體。其次假借。用而不已。實何以易。在其勉之也。○惡音烏。下惡在同

公孫丑曰。伊尹曰。予不狎于不順。放太甲于桐。民大悅。太甲賢。又反之。民大悅。賢者之爲

人臣也，其君不賢，則固可放與？丑怪伊尹賢者而放其君。何也？○與音餘，下同。孟子曰：有伊尹之志則可，無伊尹之志則篡也。大臣秉忠，志若伊尹，欲寧殷國，則可放惡而不即立君，宿留冀其改而復之。如無伊尹之忠，見間乘利，篡心乃生，何可放也。章指言憂國忘家，意在出身，志在寧君，放惡攝政，伊周有焉。凡人志異，則生篡心也。公孫丑曰：詩曰：不素餐兮，君子之不耕而食，何也？詩魏國伐檀之篇也。無功而食，謂之素餐。世之君子有不耕而食者，何也？孟子曰：君子居是國也，其君用之，則安富尊榮；其子弟從之，則孝悌忠信。不素餐兮。孰大於是君子能使人化其道德。移其習俗。君安國富。而保其尊榮。子弟孝悌而樂忠信。不素餐之功。誰大於是。何爲不可以食祿。章指言君子正己。以立於世。世美其道。君臣是貴。所過者化。何素餐之謂也王子墊問曰。士何事齊王子名墊也。問士當何事爲事也。墊音拈孟子曰。尚志尚上也。士當貴上於用志也曰。何謂尚志。曰。仁義而已矣。殺一無罪。非仁也。非其有而取之。非義也。居惡在。仁是也。路惡在。義是也。居仁由義。大人之事備矣孟子言志之所尚。仁義而已矣。不殺無罪。不取非有

者爲仁義欲知其所當居者仁爲上所由者義爲貴大人之事備也章指言人當尚志志於善也善之所由仁與義也欲使王子無過差也

孟子曰仲子不義與之齊國而弗受人皆信之是舍簞食豆羹之義也仲子陳仲子處於陵者人以爲廉謂以不義而與之齊國必不受之孟子以爲仲子之義若上章所道簞食豆羹無禮則不受萬鍾則不辨禮義而受之也人莫大焉亡親戚君臣上下以其小者信其大者奚可哉人當以禮義爲正陳仲子避兄離母不知仁義親戚上下之敘何可以其小廉信以爲大哉章指言事有輕重行有小大以大包小可也以小信大未之聞也

桃應問曰舜爲天子臯陶爲士瞽瞍殺人則如之何桃應孟子弟子問臯陶爲士官主執罪人瞽瞍惡暴而殺人則臯陶如何陶音姚孟子曰執之而已矣孟子曰臯陶執之耳然則舜不禁與桃應以爲舜爲天子使有司執其父不禁止之邪曰夫舜惡得而禁之夫有所受之也夫辭也孟子曰夫舜惡得禁之夫天下乃受之於堯當爲天理民王法不曲豈得禁之也然則舜如之何應問舜爲之將如何曰舜視棄天下猶棄敝蹝也竊負而逃遵海濱而處終身訢然樂而忘天下孟子曰舜

盡心上

視棄天下如捐棄敝蹝。蹝。草履可蹝者也。敝喻不惜。舜必負父而遠逃。終身訢然。忽忘天下之爲貴也。章指言奉法承天。政不可枉。大孝榮父。遺棄天下。虞舜之道。趨將若此。孟子之言。揆聖意也。（蹝）所綺反（訢）音忻

孟子自范之齊。望見齊王之子。喟然歎曰。居移氣。養移體。大哉居乎。夫非盡人之子與。

范。齊邑。王庶子所封食也。孟子之范。見王子之儀。聲氣高涼。不與人同。還至齊。謂諸弟子。喟然而歎曰。居尊則氣高。居卑則氣下。居之移人氣志。使之高涼。若供養之移人形身。使充盛也。大哉居乎者。言當慎所居。人必居仁也。凡人與王子豈非盡是人之子也。王子居尊勢。故儀聲如是也。章指言人性皆同。居使之異。君子居

仁。小人處利。譬猶王子。殊於衆品也。○喟丘愧反

孟子曰。王子宮室車馬衣服多與人同。而王子若彼者。其居使之然也。況居天下之廣居者乎言王子宮室乘服。皆人之所用之耳。然而王子若彼高涼者。居勢位故也。況居廣居。謂行仁義。仁義在身。不言而喻也。○乘音剩魯君之宋。呼於垤澤之門。守者曰。此非吾君也。何其聲之似我君也。此無他。居相似也垤澤。宋城門名也。人君之聲相似者。以其俱居尊勢。故音氣同也。以城門不自肯夜開。故君自發聲。章指言輿服器用。人用不殊。尊貴居之。志氣以舒。是以居仁由義。盎

然內優胷中正者眸子不瞀也○呼火故反垤大結反

孟子曰食而弗愛豕交之也愛而不敬獸畜之也恭敬者幣之未將者也恭敬而無實君子不可虛拘

人之交接但食之而不愛若養豕也愛而不敬若人畜禽獸但愛而不能敬也且恭敬者如有幣帛當以行禮而未以命將行之也恭敬貴實如其無實何可虛拘致君子之心也章指言取人之道必以恭敬恭敬貴實虛則不應實者謂敬愛也○食音嗣畜許六反

孟子曰形色天性也

形謂君子體貌嚴尊也尚書洪範一曰貌色謂婦人妖麗之容詩云顏如蕣華此皆天假施於人也○蕣音舜

惟聖人然後可

盡心上

以踐形踐履居之也易曰黄中通理聖人內外文明然後能以正道履居此美形不言居色主名尊陽抑陰之義也章指言體德正容大人所履有表無裏謂之柚梓是以聖人乃堪踐形也○柚梓上以究反下音臻

齊宣王欲短喪公孫丑曰爲朞之喪猶愈於已乎齊宣王以三年之喪爲大長久欲減而短之因公孫丑使自以其意問孟子既不能三年喪以朞年差愈於止而不行喪者

孟子曰是猶或紾其兄之臂子謂之姑徐徐云爾亦教之孝悌而已矣紾戾也孟子言有人戾其兄之臂爲不順也而子謂之曰且徐徐云爾是豈以徐之爲差者乎不若教之以孝悌勿復戾

其兄之臂也。今欲行其朞喪。亦猶曰徐徐之類也。○紾音軫。又徒展反王子有其母死者。其傅爲之請數月之喪。公孫丑曰。若此者何如也丑曰。王之庶夫人死。迫於適夫人。不得行其喪親之數。其傅爲請之於君。欲使得行數月喪。如之何。○爲去聲曰。是欲終之而不可得也。雖加一日愈於已。謂夫莫之禁而弗爲者也孟子曰。如是王子欲終服其子禮而不能者也。加益一日。則愈於止。況數月乎。所謂不當者。謂無禁自欲短之。故譏之也。章指言禮斷三年。孝者欲益。富貴怠厭。思滅其日。君子正言。不可阿情。丑欲朞之。故譬以紾兄徐徐也孟子曰。君子之所以教者五教民之道有五品有如時雨化之者教之漸漬而沾洽也有成德者有達財者有荅問者有私淑艾者私獨淑善艾治也君子獨善其身人法其仁此亦與教法之道無差也○艾音乂又五泰反此五者君子之所以教也申言之孟子貴重此教之道章指言教人之術莫善五者養育英才君子所珍聖所不倦其惟誨人乎

公孫丑曰道則高矣美矣宜若登天然似不可及也何不使彼爲可幾及而日孳孳也丑以爲聖人之道大高遠將若登天人不能及也何不少近人情令彼凡人可庶幾使日

孳孳自勉也
○（幾）音機　孟子曰：大匠不爲拙工改廢繩
墨，羿不爲拙射變其彀率。君子引而不發，躍
如也。中道而立，能者從之。大匠不爲新學拙工，故爲之改鑿廢
繩墨，必正也。羿不爲新學拙射者變其彀率
之法也。彀，弩張嚮表，率之正體，望之極思，用
巧之時，不可變也。君子謂於射則引弓彀弩
而不發，以待彀偶也。於道則中道德之中，不
以學者不能故卑下其道，將以須於能者往
取之也。章指言：曲高和寡，道大難追，然而履
正者不枉，執德者不回，故曰人能弘道，丑欲
下之，非也。○（爲）竝去聲（彀）古候反（率）如字，又
讀爲律　孟子曰：天下有道，以道殉身；天下無道，

以身殉道未聞以道殉乎人者也殉從也天下有道得行王政道從身施功實也天下無道道不得行以身從道守道而隱不聞以正道從俗人也章指言窮達卷舒屈伸異變變流從顧守者所慎故曰金石獨止不殉人也

公都子曰滕更之在門也若在所禮而不荅何也滕更滕君之弟來學於孟子也言國君之弟而樂在門人中宜荅見禮而夫子不荅何也○更音庚

孟子曰挾貴而問挾賢而問挾長而問挾有勲勞而問挾故而問皆所不荅也滕更有二焉挾接也接己之貴勢接己之有賢才接己長老接己嘗有功勞之恩接己

與師有故舊之好。凡恃此五者。而以學問望師之待以異意而教之。皆所不當荅。滕更有二焉。挾貴挾賢。故不荅矣。章指言學尚虛已。師誨貴平。是以滕更恃二。孟子弗應。○挾音協（長）張丈反

孟子曰。於不可已而已者。無所不已。於所厚者薄。無所不薄也。其進銳者其退速。

已。棄也。於義所不當棄。而棄之。則不可。所以不可棄而棄之。使無罪者咸恐懼也。於義當厚而反薄之。何不薄也。不憂見薄者。亦皆自安矣。不審察人。而過進不肖。越其倫。悔而退之必速矣。當翔而後集。慎如之何。章指言賞僭及淫。刑濫傷善。不僭不濫。詩人所紀。是以季文三思。何後之有

孟子曰。君子之於物也。愛之而弗

仁物。謂凡物可以養人者也。當愛育之而不如人仁。若犧牲不得不殺也於民也仁之而弗親臨民以非己族類。故不得與親同也親親而仁民仁民而愛物先親其親戚。然後仁民。仁民然後愛物。用恩之次也。章指言君子布德。各有所施。事得其宜。故謂之義也

孟子曰。知者無不知也。當務之爲急。仁者無不愛也。急親賢之爲務知者。知所務善也。仁者。務愛賢也。○知者。音智。下之知同堯舜之知而不徧物。急先務也。堯舜之仁。不徧愛人。急親賢也物。事也。堯舜不徧知百工之事。不徧愛衆人。先愛賢使治民。不二三自往親加

恩惠。徧音遍不能三年之喪。而緦小功之察。放飯流歠。而問無齒決。是之謂不知務尚不能行三年之喪、而復察緦麻小功之禮。放飯。大飯也。流歠。長歠也。齒決。斷肉置其餘也。於尊者前賜食。大飯長歠。不敬之大者。齒決小過耳。言世之先務舍大譏小。若此之類也。章指言振裘持領。正羅維綱。君子百行。先務其崇。是以堯舜親賢。大化以隆。道爲要也○飯文公扶晚反歠昌悅反

孟子卷第十三

相臺岳氏刻梓荊谿家塾

盡心上

孟子卷第十四

盡心章句下

孟子曰不仁哉梁惠王也仁者以其所愛及其所不愛不仁者以其所不愛及其所愛梁。魏都也。以。用也。仁者用恩於所愛之臣民。王政不偏。普施德教。所不親愛者。并蒙其恩澤也。用不仁之政加於所不親愛。則有災傷加所愛之臣民。亦并被其害。惠王好戰殺人。故孟子曰不仁哉。好呼報反。下好戰。好仁。好生。好名。好禮。好善。皆同公孫丑曰何謂也丑問及所愛之狀何謂也梁惠王以土地之故糜爛其民而戰之大敗將復之恐不能勝故驅其所愛子弟以殉之是之謂以其所不愛及其所愛也孟子言惠王貪利鄰國之土地而戰其民死亡於野骨肉縻爛而不收兵大敗而欲復戰恐士卒少不能用勝故復驅其所愛近臣及子弟而以殉之殉從也所愛從其所不愛而往趨死亡故曰及其所愛也東敗於齊長子死焉章指言發政施仁一國被恩好戰輕民災及所親著此魏王以戒人君也

孟子曰春秋無義戰彼善於此則有之矣征者上伐下也敵國不相征也春秋所載戰伐之事無應王義者也彼此相覺有善惡耳孔子

皡豪毛之善。貶纖介之惡。故皆録之於春秋也。上伐下謂之征。諸侯敵國。不得相征。五霸之世。諸侯相征。於三王之法。不得其正者也。章指言春秋撥亂。時多戰争。事實違禮。以文反正。征伐誅討。不自王命。故曰無義戰也。○晛音敎。義與校同

孟子曰。盡信書。則不如無書。吾於武成。取二三策而已矣。仁人無敵於天下。以至仁伐至不仁。而何其血之流杵也。書。尚書。經有所美。言事或過。若康誥曰冒聞于上帝。甫刑曰帝清問下民。梓材曰欲至于萬年。又曰子子孫孫永保民。人不能聞天。天不能問民。萬年永保。皆不可得爲書。豈可案文而皆信之哉。武成。逸書之篇名。言武王誅紂戰鬬殺人。血流

春杵。孟子言武王以至仁伐至不仁。殷人簞食壺漿而迎其師。何乃至於血流漂杵乎。故吾取武成兩三簡策可用者耳。其過辭則不取也。章指言文之有美過實。聖人不改。錄其意也。非獨書云。詩亦有言。崧高極天。則百斯男。亦已過矣。是故取於武成二三而已

孟子曰有人曰我善爲陳我善爲戰大罪也國君好仁天下無敵焉南面而征北夷怨東面而征西夷怨曰奚爲後我此人欲勸諸侯以攻戰也故謂之有罪好仁無敵。四夷怨望。遲願見征。何爲後我。已說於上篇。（陳）音陣武王之伐殷也革車三百兩虎賁三千人王曰無畏寧

爾也。非敵百姓也。若崩厥角稽首。征之爲言正也。各欲正己也。焉用戰。革車。兵車也。虎賁。武士爲小臣者也。書云。虎賁贅衣。趣馬小尹。三百兩。三百乘也。武王令殷人曰。無驚畏。我來安止爾也。百姓歸周。若崩厥角。頟角犀厥地。稽首拜命。亦以首至地也。各欲令武王來征己之國。安用善戰陳者。章指言民思明君。若旱望雨。以仁伐暴。誰不欣喜。是以殷民厥角。周師歌舞。焉用善戰。故云罪也。○兩音亮。賁音奔。

孟子曰。梓匠輪輿能與人規矩。不能使人巧。梓匠輪輿之功。能以規矩與人。人之巧在心。拙者雖得規矩。不以成器也。章指言規矩之法。喻若典禮。人不志仁。雖誦憲籍。不能以善。善人脩道。公輸守繩。政成器美。惟度是應。得其理也。孟子曰。舜之飯糗茹草也。若將終身焉。及其爲天子也。被袗衣。鼓琴。二女果。若固有之。糗飯乾糒也。袗畫也。果侍也。舜耕陶之時。飯糗茹草。若將終身如是。及爲天子。被畫衣。黼黻絺繡也。鼓琴以協音律也。以堯二女自侍。亦不失豫。如固自當有之也。章指言阨窮不憫。貴而思降。凡人所難。虞舜所隆。聖德所以殊也。○糗去久反。茹音汝。袗之忍反。果文公謂說文作婐烏果反。糒音備。丁音敗。孟子曰。吾今而後知殺人親之重也。殺人之父。人亦殺其父。殺人之兄。人亦殺其兄。然則非自殺之也。一閒耳父仇不同天。兄仇不同國。以惡加人。人必加之。知其重也。一閒者。我往彼來。閒一人耳。與自害其親何異哉。章指言恕以行仁。遠禍之端。暴以殘民。招咎之患。是以君子好生惡殺。反諸身也。（閒）音澗。亦如字

孟子曰。古之爲關也。將以禦暴。今之爲關也。將以爲暴古之爲關。將以禦暴亂。譏閉非常也。今之爲關。反以征稅出入之人。將以爲暴虐之道也。章指言脩理關梁。譏而不征。如以稅斂。非其式程。懼將爲暴。故載之也

孟子曰。身不行道。不行於妻子。使人不以道。不能行於妻子身不自履行道德。而欲使人行道德。妻子不肯行之。言無所則效。使人不順其

道理。不能使妻子順之。而况於他人者乎。章指言率人之道。躬行爲首。故論語曰。其身不正。雖令不從

孟子曰周于利者凶年不能殺周于德者邪世不能亂周達於利。營苟得之利。而趨生。雖凶年不能殺之。周達於德。身欲行之。雖遭邪世。不能亂其志也。章指言務利蹈姦。務德蹈仁。舍生取義。其道不均也

孟子曰好名之人能讓千乘之國苟非其人簞食豆羹見於色好不朽之名者。輕讓千乘。子臧季札之儔是也。誠非好名者。爭簞飯豆羹變色。訟之致禍。鄭子公染指魭羹之類是也。章指言廉貪相殊。名亦卓異。故聞伯夷之風。懦夫有立志也。○食音嗣見音現魭音元。左氏傳作黿

孟子曰不信仁賢則國空虛無禮義則上下亂無政事則財用不足不親信仁賢仁賢去之國無賢人則曰空虛也無禮義以正尊卑則上下之序泯亂無善政以教人農時貢賦則不入故財用不足章指言親賢正禮明其五教爲政之源聖人以三者爲急也

孟子曰不仁而得國者有之矣不仁而得天下未之有也不仁得國者謂若象封有庳叔鮮叔度封於管蔡以親親之恩而得國也雖有誅亡其世有土丹朱商均天下元子以其不仁天下不與故不得有天下也章指言王者當天然後處之桀紂幽厲雖得猶失不以善終不能世祀不爲得也○庳音鼻

孟子曰民

爲貴。社稷次之。君爲輕。是故得乎丘民而爲天子。君輕於社稷。社稷輕於民。丘。十六井也。天下丘民皆樂其政。則爲天子。殷湯周文。是也。得乎天子爲諸侯。得天子之心。封以爲諸侯。得乎諸侯爲大夫。得諸侯之心。諸侯封以爲大夫。諸侯危社稷則變置。諸侯爲危社稷之行。則變更立賢諸侯也。〇行下孟反。下之行。德行。正行。穢行。人行。皆同。更古衡反。犧牲既成。粢盛既絜。祭祀以時。然而旱乾水溢。則變置社稷。犧牲已成肥腯。粢稻已成絜精。祭祀社稷常以春秋之時。然而其國有旱乾水溢之災。則毀社稷而更置也。章指言得民爲君。得君爲臣。民爲貴也。先黜諸侯。後毀社稷。君爲輕也。重民敬祀。治之所先。故列其次而言之。盛音成。腯徒忽反。

孟子曰。聖人百世之師也。伯夷柳下惠是也。伯夷之清。柳下惠之和。聖人之一槩也。故聞伯夷之風者。頑夫廉。懦夫有立志。聞柳下惠之風者。薄夫敦。鄙夫寬。奮乎百世之上。百世之下。聞者莫不興起也。非聖人而能若是乎。而況於親炙之者乎。頑貪。懦弱。鄙狹也。百世言其遠也。興起。志意興起也。非聖人之行。何能感人若是。論聞尚然。況親見熏炙者也。章指言伯夷柳下惠。變貪厲薄。千載聞之。

盡心下

猶有感激。謂之聖人。美其德也。○百世之上。文公句孟子曰仁也者人也合而言之道也能行仁恩者人也。人與仁合而言之。可以謂之有道也。章指言仁恩須人。人能弘道也孟子曰孔子之去魯曰遲遲吾行也去父母國之道也去齊接淅而行。去他國之道也遲遲接淅。注義見萬章下首章。章指言孔子周流不遇。則之他國遠逝。惟魯斯戀。篤於父母國之義也。○淅先歷反孟子曰君子之戹於陳蔡之閒無上下之交也君子。孔子也。論語曰。君子之道三。我無能焉。孔子乃尚謙不敢當君子之道。故可謂孔子爲君子也。孔子所以戹於

陳蔡之閒者。其國君臣皆惡。上下無所交接。故戹也。章指言君子固窮。窮不變道。上下無交。無賢援也。○戹或作厄

貉稽曰。稽大不理於口。

貉。姓。稽。名。仕者也。爲衆口所訕。理。賴也。謂孟子曰。稽大不賴人之口。如之何。○貉。貊鶴二音。人姓。當音鶴。又音陌。文公同

孟子曰。無傷也。士憎茲多口。

審己之德。口無傷也。離於凡人而爲士者益多口。

詩云。憂心悄悄。慍于羣小。孔子也。肆不殄厥慍。亦不殞厥問。文王也。

詩邶風柏舟之篇曰。憂心悄悄。慍于羣小。怨小人聚而非議賢者也。孔子論此詩。孔子亦有武叔之口。故曰孔子之所苦也。大雅緜之篇曰。肆不殄厥慍。殄。絶。慍。怒也。亦不殞

厥問殞失也言文王不殄絶畎夷之愠怒亦不能殞失文王之善聲問也章指言正己信心不患衆口衆口讙譁大聖所有況於凡品之所能禦故苔貉稽曰無傷也○殄徒典反

孟子曰賢者以其昭昭使人昭昭今以其昬昬使人昭昭賢者治國法度昭昭明於道德是躬化之道可也今之治國法度昬昬亂潰之政也身不能治而欲使他人昭明不可得也章指言以明昭闇闇者以開以闇責明闇者愈迷賢者可遵譏今之非也

孟子謂高子曰山徑之蹊閒介然用之而成路爲閒不用則茅塞之矣今茅塞子之心矣高子齊人也嘗學於孟子鄉道而未明去

而學於他術，孟子謂之曰：山徑，山之領，有微蹊介然，人遂用之不止，則蹊成爲路；爲間，有間也，謂廢而不用，則茅草生而塞之，不復爲路。以喻高子學於仁義之道，當遂行之，而反中止，比若山路，故曰茅塞子之心也。章指言：聖人之道，學而時習，仁義在身，常常被服，舍而不脩，猶茅是塞，明爲善之不可倦也。○間如字，爲間同。介，文公音戛。蹊間，句；成路，句。

高子曰：禹之聲尚文王之聲。孟子曰：何以言之？高子以爲禹之尚貴聲樂過於文王，孟子難之曰：何以言之？曰：以追蠡。高子曰：禹時鍾在者，追蠡也。追，鍾鈕也。鈕擘齧處深矣，蠡蠡欲絕之貌也。文王之鍾不然，以禹爲尚樂也。○追音堆，蠡音禮。

曰：是奚足哉？城門之軌，兩

馬之力與孟子曰是何足以爲禹尚樂乎先代之樂器後王皆用之禹在文王之前千有餘歲用鐘日久故追欲絶耳譬若城門之軌齧其限切深者用之多耳豈兩馬之力使之然乎兩馬者春秋外傳曰國馬足以行關公馬足以稱賦章指言前聖後聖所尚者同三王一體何得相踰欲以追蠡未達一隅孟子言之將啓其蒙

齊饑陳臻曰國人皆以夫子將復爲發棠殆不可復棠齊邑也孟子嘗勸齊王發棠邑之倉以振貧窮時人賴之今齊人復饑陳臻言一國之人皆以爲夫子復若發棠時勸王也孟子曰殆不可復言之也○復文公去聲是爲馮婦也晉人有馮婦者善搏虎卒爲善

士則之野有衆逐虎虎負嵎莫之敢攖望見馮婦趨而迎之馮婦攘臂下車衆皆悅之其爲士者笑之馮姓婦名也勇而有力能搏虎卒後也善士者以善搏虎有勇名也故進以爲士之於野外復見逐虎者攖迫也虎依陬而怒無敢迫近者也馮婦恥不如前見虎走而迎之攘臂下車欲復搏之衆人悅其勇猛其士之黨笑其不知止也故孟子謂陳臻今欲復使我如發棠時言之於君是則我爲馮婦也必爲知者所笑也章指言可爲則從不可則凶言善見用得其時也非時逆指猶若馮婦暴虎無已必有害也○搏補各反嵎音愚攖於盈反

孟子曰口之於味也目之於色

也耳之於聲也鼻之於臭也四肢之於安佚也性也有命焉君子不謂性也

口之甘美味。目之好美色。耳之樂音聲。鼻之喜芬香。臭。香也。易曰。其臭如蘭。四體謂之四肢。四肢解倦。則思安佚不勞苦。此皆人性之所欲也。得居此樂者有命祿。人不能皆如其願也。凡人則觸情從欲。而求可樂。君子之道。則以仁義爲先。禮節爲制。不以性欲而苟求之也。故君子不謂性也

仁之於父子也義之於君臣也禮之於賓主也知之於賢者也聖人之於天道也命也有性焉君子不謂命也

仁者得以恩愛施於父子。義者得以義理施於

君臣，好禮者得以禮敬施於賓主；知者得以明知知賢達善；聖人得以天道王於天下。此皆命祿遭遇，乃得居而行之；不遇者不得施行。然亦才性有之，故可用也。凡人則歸之命祿，任天而已，不復治性。以君子之道，則脩仁行義，脩禮學知，庶幾聖人，亹亹不倦，不但坐而聽命，故曰君子不謂命也。章指言尊德樂道，不任佚性，治性勤禮，不專委命，君子所能，小人所病，究言其事，以勸戒也。○知音智。

浩生不害問曰：樂正子何人也？（浩生，姓；不害，名；齊人也。見孟子聞樂正子爲政於魯而喜，故問樂正子何等人也。）孟子曰：善人也，信人也。（樂正子爲人有善有信也。）何謂善？何謂信？（不害問善信之行謂何。）曰：可欲之謂善，有諸己之謂信充實之謂美充實而有光輝之謂大大而化之之謂聖聖而不可知之之謂神樂正子二之中四之下也己之所欲乃使人欲之是爲善人己所不欲勿施於人也有之於己乃謂人有之是爲信人不意不信也充實善信使之不虛是爲美人美德之人也充實善信而宣揚之使有光輝是爲大人大行其道使天下化之是爲聖人有聖知之明其道不可得知是爲神人人有是六等樂正子能善能信在二者之中四者之下也章指言神聖以下優劣異差樂正好善應下二科是以孟子爲之喜也○應音億又如字

孟子曰逃墨必歸於楊逃楊必

歸於儒。歸斯受之而已矣墨翟之道兼愛無親疏之別最爲違禮。楊朱之道爲己愛身。雖違禮。尚得不敢毀傷之義。逃者去也。去邪歸正。故曰歸去墨歸楊。去楊歸儒。則當受而安之也今之與楊墨辯者。如追放豚。既入其苙。又從而招之苙。蘭也。招。罥也。今之與楊墨辯爭道者。譬如追放逸之豕豚。追而還之。入蘭則可。又復從而罥之。太甚。以言去楊墨歸儒則可。又復以而罪之。亦云太甚。章指言驅邪反正。正斯可矣。來者不綏。追其前罪。君子甚之。以爲過也。苙音立。欄也。圈也孟子曰。有布縷之征。粟米之征。力役之征征。賦也。國有軍旅之事。則橫興此三賦也。布。軍卒以爲衣也。縷。紩鎧中之縷也。粟米，軍糧也。力役，民負荷廝養之役也。○横胡孟反。鈇音秩。鎧苦愛反。

君子用其一，緩其二。用其二而民有殍，用其三而父子離。

君子爲政，雖遭軍旅，量其民力，不竝此三役，更發異時，急一緩二，民不苦之。若竝用二，則路有餓殍；若竝用三，則分崩不振，父子離析，忘禮義矣。章指言原心量力，政之善者，繇役竝興，以致離殍，養民輕斂，君子道也。○殍皮表反，張音孚。

孟子曰：諸侯之寶三：土地，人民，政事。寶珠玉者，殃必及身。

諸侯正其封疆，不侵鄰國，鄰國不犯，寶土地也。使民以時，民不離散，寶人民也。脩其德教，布其惠政，寶政事也。若寶珠玉，求索和氏之璧，隋侯之珠，與强國爭之，强國加害。殃及身也。章指言寶此三者。以爲國珍。寶於爭玩。以殃其身。諸侯如茲。永無患也。

盆成括仕於齊。孟子曰：死矣盆成括。盆成。姓。括。名也。嘗欲學於孟子。問道未達而去。後仕於齊。孟子聞而嗟歎曰。死矣盆成括。知其必死。

盆成括見殺。門人問曰：夫子何以知其將見殺？門人問孟子何以知之也。曰：其爲人也小有才，未聞君子之大道也，則足以殺其軀而已矣。孟子荅門人言括之爲人。小有才慧。而未知君子仁義謙順之道。適足以害其身也。章指言小知自私。藏怨之府。大雅先人。福之所聚。勞謙終吉。君子道也。

孟子之滕，館於上宮。

館。舍也。上宮。樓也。孟子舍止賓客所館之樓上也

有業屨於牖上館人求之弗得或問之曰若是乎從者之廋也

屨。扉屨也。業。織之有次業而未成也。置之窗牖之上。客到之後。求之不得。有來問孟子者曰。是客從者之廋。廋。匿也。孟子與門徒相隨。從車數十。故曰侍從者所竊匿也。○（從）才用反。下從車同。（廋）音搜。（扉）符費反

曰子以是為竊屨來與

孟子謂館人曰。子以是衆人來隨事我。本為欲竊屨故來邪。○（為）去聲

曰殆非也

館人曰。殆非為是來。事夫子也。自知問之過

夫子之設科也往者不追來者不距苟以是心至斯受之而已矣

孟子

曰。夫我設教授之科。教人以道德也。其去者亦不追呼。來者亦不距逆。誠以是學道之心來至。我則斯受之。亦不知其取之與否。君子不保異心也。見館人言殆非爲是來。亦云不能保知。謙以荅之。章指言教誨之道。受之如海。百川移流。不得有距。雖獨竊屨。非己所絕。順荅小人。小人自咎。所謂造次必於是也。○夫音扶。文公如字

孟子曰。人皆有所不忍。達之於其所忍。仁也。人皆有所愛。不忍加惡。推之以通於所不愛。皆令被德。此仁人也。人皆有所不爲。達之於其所爲。義也。人皆有不喜爲。謂貧賤也。通之於其所喜爲。謂富貴也。抑情止欲。使若所不喜爲此者。義人也。人能充無欲害人之心。而仁

不可勝用也人皆有不害人之心能充大之以爲仁仁不可勝用也人能充無穿踰之心而義不可勝用也穿牆踰屋姦利之心也人既無此心能充大之以爲義義不可勝用也人能充無受爾汝之實無所往而不爲義也爾汝之實德行可輕賤人所爾汝者也既不見輕賤不爲人所爾汝能充大而以自行所至皆可以爲義也士未可以言而言是以言餂之也可以言而不言是以不言餂之也是皆穿踰之類也餂取也人之爲士者見尊貴者未可與言而強與之言欲以言取之也是失言也見可與言者而不與之

言不知賢人可與之言而反欲以不言取之是失人也是皆趨利入邪無知之人故曰穿踰之類也章指言善恕行義充大其美無受爾汝何施不可取人不知失其臧否比之穿踰善亦遠矣○餂音忝謂挑取物否音鄙

孟子曰言近而指遠者善言也守約而施博者善道也君子之言也不下帶而道存焉言近指遠近言正心遠可以事天也守約施博約守仁義大可以施德於天下也二者可謂善言善道也正心守仁皆在胷臆吐口而言之四體不與焉故曰不下帶○施文公去聲與音豫君子之守脩其身而天下平身正物正天下平矣人病舍其田而芸人之田

盡心下

所求於人者重而所以自任者輕芸治也田以喻身舍身不治而欲責人治求人大重自任大輕章指言言道之善以心爲原當求諸己而責於人君子尤之況以安芸言失務也

孟子曰堯舜性者也湯武反之也堯舜之體性自善者也殷湯周武反之於身身安乃以施人謂加善於民

動容周旋中禮者盛德之至也人動作容儀周旋中禮者盛德之至中張仲反或如字

哭死而哀非爲生者也死者有德哭者哀也

經德不回非以干祿也言語必信非以正行也經行也體德之人行其節操自不回邪非以求祿位也庸言必信非必欲

以正行爲名也。性不忍欺人也。**君子行法以俟命而已矣**君子順性蹈德。行其法度。夭壽在天。待命而已矣。章指言君子之行。動合禮中。不惑禍福。脩身俟終。堯舜之盛。湯武之隆。不是過也。

孟子曰說大人則藐之勿視其巍巍然大人。謂當時之尊貴者也。孟子言說此大人之法。心當有以輕藐之。勿敢視之巍巍。富貴若此而不畏之則心舒意展。言語得盡。○說音稅。藐音邈。又音眇。文公只音眇。

堂高數仞榱題數尺我得志弗爲也仞。八尺也。榱題。屋霤也。高堂數仞。振屋數尺。奢汰之室。使我得志。不居此堂也。大屋無尺丈之限。故言數仞也。○榱楚危反

食前方丈侍妾數百人我

得志弗爲也極五味之饌食列於前方一丈侍妾衆多至數百人也般樂飲酒驅騁田獵後車千乘我得志弗爲也般大也大作樂而飲酒驅騁田獵從車千乘般于遊田也○(般)音盤在彼者皆我所不爲也在我者皆古之制也吾何畏彼哉在彼貴者驕佚之事我所恥爲也在我所行皆古聖人所制之法謂恭儉也我心何爲當畏彼人乎哉章指言富貴而驕自遺咎也茨采椽聖堯表也以賤說貴懼有蕩心心謂彼陋以寧我神故以所不爲爲之寶玩也孟子曰養心莫善於寡欲其爲人也寡欲雖有不存焉者寡矣養治

也。寡，少也。欲，欲利也。雖有少欲而亡者，謂遭橫暴，若單豹卧深山而遇飢虎之類也。然亦寡矣。單音善。其爲人也多欲，雖有存焉者寡矣。謂貪而不亡，蒙先人德業，若晉欒黶之類也。然亦少矣。不存者衆也。章指言清靜寡欲，德之高者；畜聚積實，穢行之下。廉者招福，濁者速禍。雖有不然，蓋非常道，是以正路不可不由也。○黶，乙斬反。

曾晳嗜羊棗，而曾子不忍食羊棗。公孫丑問曰：膾炙與羊棗孰美？羊棗，棗名也。曾子以父嗜羊棗，父没之後，惟念其親，不復食羊棗，故身不忍食也。公孫丑怪之，故問羊棗孰與膾炙美也。○晳音錫。炙，之夜反。復，扶又反。孟子曰：膾炙哉！言膾炙固美也，何比於羊

棗

公孫丑曰然則曾子何爲食膾炙而不食羊棗曰膾炙所同也羊棗所獨也諱名不諱姓姓所同也名所獨也孟子言膾炙雖美人所同嗜獨曾子父嗜羊棗耳故曾子不忍食也譬如諱君父之名不諱其姓姓與族同之名所獨也故諱之也章指言情禮相扶以禮制情人所同然禮則不禁曾參至孝思親異心羊棗之感終身不甞孟子嘉焉故上章稱曰豈有非義而曾子言之者也

萬章問曰孔子在陳曰盍歸乎來吾黨之士狂簡進取不忘其初孔子在陳何思魯之狂士孔子戹陳不遇賢人上下

下

交。蓋歎息思歸。欲見其鄉黨之士也。簡狂者進取大道而不得其正者也。不忘其孔子思故舊也。周禮五黨爲州。五州爲鄉曰吾黨之士也。萬章怪孔子何爲思魯之士也。

孟子曰。孔子不得中道而與之。必也狂獧乎。狂者進取。獧者有所不爲也。孔子豈不欲中道哉。不可必得。故思其次也。中道。中正之大道也。狂者能進取。獧者能不爲不善。時無中道之人以狂獧次善者。故思之也。○獧音狷與絹同。

敢問何如斯可謂狂矣。萬章曰。人行何如斯則可謂之狂也。

曰。如琴張曾皙牧皮者。孔子之所謂狂矣。孟子言人行如此三人者孔子謂之狂也琴張子張也子張之爲人踸踔譎詭論語曰師也辟故不能純善而稱狂也又善鼓琴號曰琴張曾皙曾參父也牧皮行與二人同皆事孔子學者也○踸敕甚反踔敕效反又敕角反**何以謂之狂也**萬章問何以謂此人爲狂**曰其志嘐嘐然曰古之人古之人夷考其行而不掩焉者也**嘐嘐志大言大者也重言古之人古之人欲慕之也夷平也考察其行不能掩覆其言其狂也○嘐火包反**狂者又不可得不屑不絜之士而與之是獧也是又其**得不絜也不絜汙穢也既不能得狂者欲得有介之人能耻賤汙行不絜者則可

言矣。是獧人狂者也

孔子曰。過我門而不入我室。憾焉者。其惟鄉原乎。鄉原。德之賊也。憾。恨過孔子之門不入。則孔子恨之。獨鄉原者無恨心耳。以其賊德故也。○原文公與同

曰。何如斯可謂之鄉原矣。萬章問鄉原之惡云何

曰。何以是嘐嘐也。言不顧行。行不顧言。則曰古之人。古之人。行何為踽踽涼涼。生斯世也為斯世也。善斯可矣。閹然媚於世也者。是鄉原也。孟子言鄉原之人。言何以是嘐嘐若有大志也。其言行不顧。則亦稱曰古之人。

古之人行何爲踽踽涼涼有威儀如無所施之貌也鄉原者外欲慕古之人而其心曰古之人何爲空自踽踽涼涼而生於今之世無所用之乎以爲生斯世但當取爲人所善善人則可矣其實但爲合衆之行媚愛也故閹然大見愛於世也若是者謂之鄉原也○(行)並去聲(爲)于僞反(踽)俱禹反(閹)音奄

萬子曰一鄉皆稱原人焉所往而不爲原人孔子以爲德之賊何哉

即萬章也孟子録之以其不解於聖人心故謂之萬子子男子之通稱也美之者責之也萬章言人皆以爲原善所至之善人若是孔子以爲賊德何爲也

曰之無舉也刺之無刺也同乎流俗合乎汙

居之似忠信行之似廉絜衆皆悅之自以是而不可與入堯舜之道故曰德之賊也

言鄉原之人能匿蔽其惡非之無可舉刺之無可刺者志同於流俗之人行合於亂之世爲人謀居其身若似忠信行其身似廉絜爲行矣衆皆悅美之其人自以所爲是而無仁義之實故不可與入堯舜之道也無德而人以爲有德故曰德之賊也

汙音烏又烏故反

孔子曰惡似而非者惡莠恐其亂苗也惡佞恐其亂義也惡利口恐其亂信也惡鄭聲恐其亂樂也惡紫恐其亂朱也惡鄉

原恐其亂德也似眞而非眞者孔子之所惡
也莠莖葉似苗佞人詐飾似
義者利口辯辭似若有信鄭聲淫人之聽
似若美樂紫色似朱赤也鄉原惑衆似有德
百此六似者皆孔子之所
也○惡並去聲莠音誘君子反經而已矣經常也反歸也
經正則庶民興庶民興斯無邪慝矣于治國家歸其常經謂以仁義禮智道化
則衆民興起而家給人足矣倉廩實而知
節安有爲邪惡之行也章指言士行有科
等級中道爲上狂獧不合似是而非色
荏鄉原之惡聖人所甚反經身行民化
子率而正孰敢不正也○慝吐得反
曰由堯舜至於湯五百有餘歲若禹皐

陶[illegible]而知之若湯則聞而知之言五百歲聖人一出。天道之常也亦有遲速不能正五百歲故言有餘歲也見而知之謂輔佐也通於大賢次聖者亦得與在其間親見聖人之道而佐行之言易也聞而知之者聖人相去卓遠數百歲之間變故衆多踰聞前聖所行追而遵之以致其道言難也由湯至於文王五百有餘歲若伊尹萊朱則見而知之若文王則聞而知之伊尹摯也萊朱亦湯賢臣也一曰仲虺是也春秋傳曰仲虺居薛爲湯左相是則伊尹爲右相故二人等德也由文王至於孔子五百有餘歲若大公望散宜生則見而知之若孔子則聞而知之太公望。呂尚也。號曰師尚父。散宜生。文王四臣之一也。呂尚有勇謀而爲將。散宜生有文德而爲相。故以相配而言之也。○(散)素但

以

由孔子而來至於今百有餘歲去聖人之世若此其未遠也近聖人之居若此其甚也然而無有乎爾則亦無有乎爾至今者。至今之世當孟子時也。聖人之間。必有大賢名世者。百有餘年適可以出。未爲遠而無有也。鄒魯相近傳曰。魯擊柝聞於邾。近之甚也。言已足以識孔子之道。能奉而行之。既不遭値聖人。若伊尹呂望之爲輔佐。猶可應備名世。如傳說之中出於板高宗也。然而世謂之無有此乃天不欲

十
者。
建
犬

也。故重言之。知天意之審也。言則
質無有也。則亦當使爲無有也。乎爾
不怨之辭也。章指言天地剖判開元
皇以來。人倫攸敘。弘析道德。班垂文
乎聖人。聖人不出。名世承間。雖有斯
愚不遇焉。是以仲尼至獲麟而止筆。
無有乎爾。終其
亦一契之趣也

孟子卷第十四

相臺岳氏刻
梓荆谿家塾

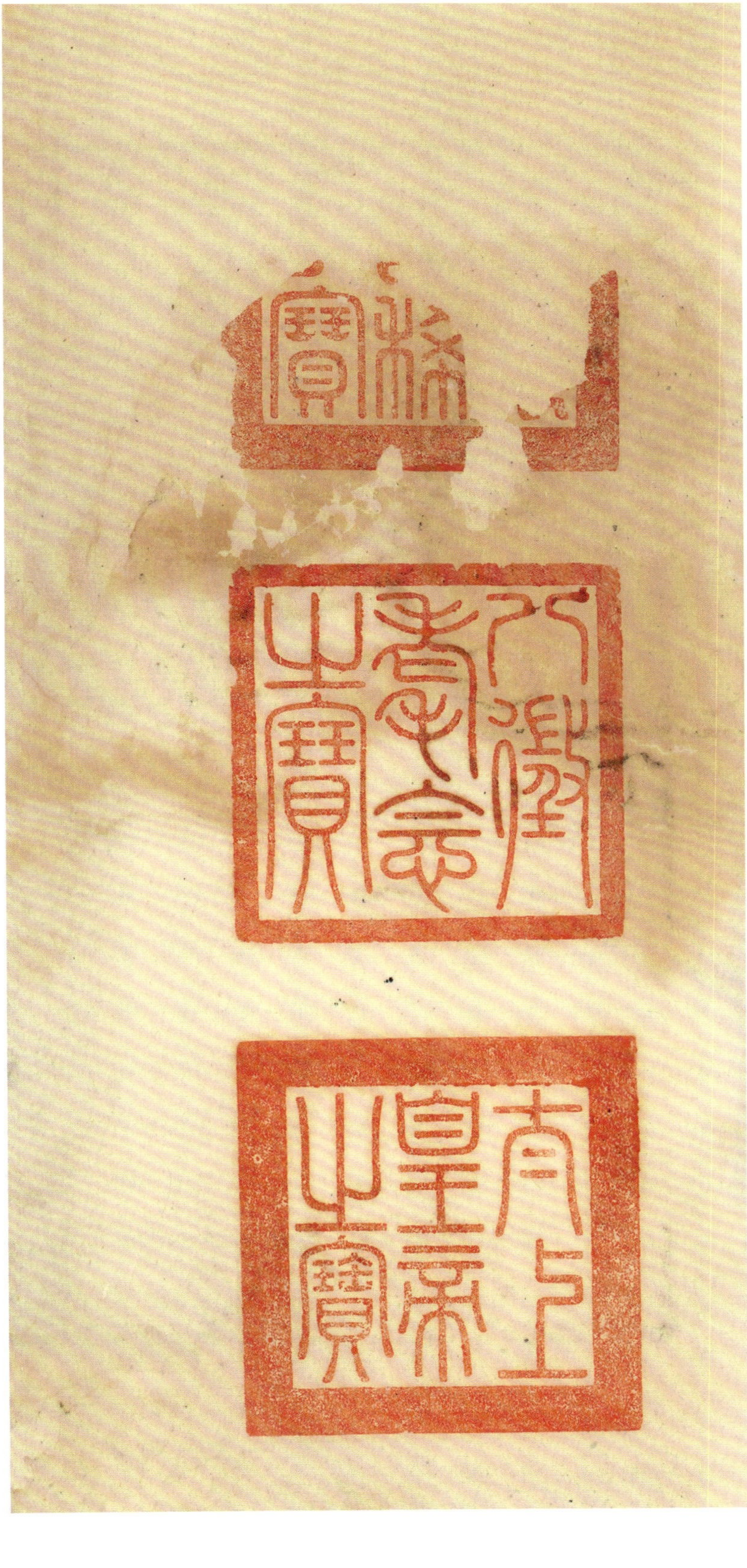
八徵耄念之寶
太上皇帝之寶

「十四五」國家重點出版物出版規劃項目

二〇二一—二〇三五年國家古籍工作規劃重點出版項目

中華古籍保護計劃

ZHONG HUA GU JI BAO HU JI HUA CHENG GUO

·成 果·

國家珍貴古籍叢刊

元本孟子

一

（漢）趙岐 注
（宋）孫奭 音義

國家圖書館出版社

圖書在版編目（CIP）數據
元本孟子：全二册 /（漢）趙岐注；（宋）孫奭音義. --
北京：國家圖書館出版社, 2024.12. --（國家珍貴古籍叢
刊）. ISBN 978-7-5013-8175-3
Ⅰ. B222.5
中國國家版本館CIP數據核字第2024RF7158號

書　　名　元本孟子（全二册）
著　　者　（漢）趙　岐　注　（宋）孫　奭　音義
叢 書 名　國家珍貴古籍叢刊
責任編輯　張珂卿
封面設計　翁　涌

出版發行　國家圖書館出版社（北京市西城區文津街7號　100034）
（原書目文獻出版社　北京圖書館出版社）
010-66114536　63802249　nlcpress@nlc.cn（郵購）
網　　址　http://www.nlcpress.com
排　　版　愛圖工作室
印　　裝　北京金康利印刷有限公司
版次印次　2024年12月第1版　2024年12月第1次印刷

開　　本　710 × 1000　1/16
印　　張　36.25
書　　號　ISBN 978-7-5013-8175-3
定　　價　240.00圓

《國家珍貴古籍叢刊》編纂委員會

《國家珍貴古籍叢刊》前言

中國古代文獻典籍是中華民族創造的重要文明成果。這些典籍承載着中華五千年的悠久歷史，不僅是中華優秀傳統文化的重要載體之一，還是民族凝聚力和創造力的重要源泉，更是人類珍貴的文化遺産。

黨的十八大以來，以習近平總書記爲核心的黨中央站在實現中華民族偉大復興的戰略高度，對傳承和弘揚中華優秀傳統文化作出一系列重大決策部署。習近平總書記多次圍繞中華優秀傳統文化保護弘揚、挖掘闡發、傳播推廣、融合發展作出重要論述，强調『要加强對中華優秀傳統文化的挖掘和闡發』，讓『書寫在古籍裏的文字都活起來』。二〇二三年，習近平總書記在文化傳承發展座談會上强調，祇有全面深入瞭解中華文明的歷史，纔能更有效地推動中華優秀傳統文化創造性轉化、創新性發展，更有力地推進中國特色社會主義文化建設，建設中華民族現代文明。黨和國家的高度重視和大力支持，把中華珍貴典籍的保護和傳承工作推上了新的歷史高度。

保護好、傳承好、利用好這些文獻典籍，對於傳承和弘揚中華民族優秀傳統文化，維護國家統一和民族團結，推動社會主義文化大發展大繁榮，促進國際文化交流和構建人類命運共同體，都具有十分重要的意義。二〇〇七年，國家啓動了『中華古籍保護計劃』。該計劃在文化和旅游部領導下，由國家古籍保護中心負責實施，十餘年來，古籍保護成效顯著，在社會上産生了極大反響。迄今爲止，國務院先後公布了六批《國家珍貴古籍名録》，收録了全國各藏書機構及個人收藏的珍貴古籍一萬三千零二十六部。

爲深入挖掘這些寶貴的文化遺産，更好地傳承文明、服務社會，科學合理有效地解决古籍收藏與利用的矛盾，二〇二四年，國家古籍保護中心啓動《國家珍貴古籍叢刊》叢書項目。該項目入選《二〇二一—二〇三五年國家古籍工作規劃》重點出版項目，是貫徹落實新時代弘揚中華優秀傳統文化的重要舉措。

本《叢刊》作爲古籍數字化的有益補充，將深藏内閣大庫的善本古籍化身千百，普惠廣大讀者。根據『注重普及、體現價值、避免重複』的原則，從入選第一至六批《國家珍貴古籍名録》的典籍中遴選出『時代早、流傳少、價值高，經典性較强、流傳度較廣』的存世佳槧爲底本，尤其重視『尚未出版過的、版本極具特殊性的、内容膾炙人口的』善本。通過『平民化』的出版方式進行全文高精彩印，以合理的價格、上乘的印刷品質讓大衆看得到、買得起、用得上。旨在用大衆普及活化推廣方式出版國家珍貴古籍，讓這些沉睡在古籍中的文字重新焕發光彩，爲學術界、文化界乃至廣大讀者提供豐富的學術資料和閱讀享受，更爲廣大學者、古籍保護從業人員、古籍收藏愛好者從事學術研究、版本鑒定、保護收藏等提供一部極爲重要的工具書。

本《叢刊》由國家圖書館出版社出版，在編纂過程中，保持古籍的原貌，力求做到影印清晰、編排合理。本《叢刊》不僅全文再現古籍的内容，每部書還附一篇名家提要，爲研究古籍流傳、版本變遷、學術思想等内容，提供重要資料。通過本《叢刊》的出版，我們相信對於推動古籍整理與研究工作、傳承中華優秀傳統文化、增强民族文化自信具有重要意義，也將有助於更多的人瞭解和認識中華文化的博大精深，激發人們對傳統文化的熱愛與傳承意識，爲中華民族的偉大復興貢獻力量。

《國家珍貴古籍叢刊》項目啓動以來，得到專家學者的廣泛關注，以及全國各大圖書館的大力支持。同時，我們也期待更多的學者、專家及廣大讀者能够關注和支持古籍保護工作，共同爲傳承和弘揚中華優秀傳統文化而努力。

國家古籍保護中心

二〇二四年九月

《國家珍貴古籍叢刊》出版説明

爲更好地傳承文明，服務社會，科學合理有效地解決古籍收藏與利用的矛盾，國家古籍保護中心聯合全國古籍重點保護單位，開展《國家珍貴古籍叢刊》高精彩印出版項目，以促進古籍保護成果的揭示、整理與利用，加强古籍再生性保護和研究。

《叢刊》所選文獻按照『注重普及、體現價值、避免重複』的原則，遴選出『時代早、流傳少、價值高，經典性較强、流傳度較廣』的存世佳槧爲底本高精彩印。按經、史、子、集分類編排，所選每種書均單獨印行，分批陸續出版。各書延聘專家撰寫提要，介紹該文獻著者、基本内容及其學術價值、版本價值，同時説明入選《國家珍貴古籍名録》批次、名録號等；各書編有詳細目録、設置書眉，以便讀者檢索和閲讀；正文前列牌記展示該文獻館藏單位、版本情況和原書尺寸信息。

國家圖書館出版社

二〇二四年九月

孟子

（漢）趙岐注
（宋）孫奭音義

元相臺岳氏荆谿家塾刻本

據國家圖書館藏元相臺岳氏荆谿家塾刻本影印原書版框高二十一點二厘米寬十三點四厘米

《孟子》十四卷，漢趙岐注，宋孫奭音義。元相臺岳氏荆谿家塾刻本。此本入選第二批《國家珍貴古籍名録》（名録號〇二六一四）。

宋代以前，《孟子》僅是諸子百家之一，漢、魏、唐刻石經，均不及《孟子》。北宋王安石變法時，《孟子》始入經列。《文獻通考》卷三十一載：『神宗熙寧二年，議更貢舉法，罷詩、賦、明經諸科，以經義、論、策試進士。……卒如安石議，罷明經及諸科進士，罷詩賦，各占治《詩》《書》《易》《周禮》《禮記》一經，兼以《論語》《孟子》。』雖然衹是『兼經』，但《孟子》已取得與《論語》并列的地位。南宋初，高宗紹興年間，刊刻高宗御書石經，《孟子》亦在列，此時已明確了《孟子》儒家經書的地位。私家目録中，唯晁公武《郡齋讀書志》仍將《孟子》列入子部，而稍後的尤袤《遂初堂書目》則將《孟子》附於『論語類』，陳振孫《直齋書録解題》將《論語》與《孟子》合爲『語孟類』，置於經部『孝經類』之後，元初馬端臨《文獻通考·經籍考》亦以《孟子》爲單獨一類列入經部。

在雕版印刷界，《孟子》作爲群經之一，在南宋已較爲常見。現存宋版，有《孟子注疏解經》十四卷，是宋嘉泰間兩浙東路茶鹽司刻八行本諸經之一，今藏臺北故宫博物院；蜀大字本《孟子》

十四卷，南宋四川地區所刻群經古注之一，《四部叢刊》《續古逸叢書》曾影印；福建地區所刊《八經》白文本，今藏國家圖書館，中有《孟子》一卷。此外可考者，有南宋淳熙間福州公使庫刻《六經三傳》，至咸淳間又增刻《論語》《孟子》《孝經》，以足十二經之數；福建書坊刻十行本群經注疏，元代曾有翻刻，《孟子注疏解經》亦爲其中之一；南宋末廖瑩中世綵堂刻《九經三傳》，元盱郡及相臺岳氏分别覆刊，各有零種傳世。

廖氏世綵堂所刻諸書，世稱善本，存世如《昌黎先生集》《河東先生集》，雕印精湛，被推爲無上神品。宋周密《志雅堂雜鈔》卷一載：『（廖氏）開《九經》，凡用十餘本對定，各委本經人點對，又圈句讀，極其精妙。』岳氏《相臺書塾刊正九經三傳沿革例》稱：『（廖氏刻本《九經》）板行之初，天下寶之，流布未久，元板散落不復存。嘗博求諸藏書之家，凡聚數帙，僅成全書。』可見廖本《九經》在元代初年即成難得之本，至今更無一存世。因此，以廖刻爲底本精校覆刊的岳氏群經顯得彌足珍貴。岳氏群經現存僅有《周易》（國家圖書館藏）、《周禮》殘本（臺北故宫博物院藏）、《春秋經傳集解》（國家圖書館藏，卷十九至二十配明刻本；日本静嘉堂文庫藏殘本）、《論語》（國家圖書館藏）及此次影印的《孟子》五經而已（國家圖書館所藏《孝經》亦著録爲岳刻，但書中無岳氏荆谿家塾牌記，是否確爲岳刻，尚有争議），是研究宋元時期經書版本的重要資料。存世《孟子》的宋元版本，蜀大字本爲單經注本，岳本、盱郡本爲經注附釋文本，茶鹽司《孟子注疏解經》爲注疏合刻本，各爲不同的版本體系，前三者孤本單傳，尤爲彌足珍貴。

此本半葉八行，行十七字，有耳題，文中刻句讀圈發。版心下有刻工姓名『王圭刊』、『凌拱刊』（『拱』）、『伯恭』（『恭』）、『史』、『金』、『何』、『永言』、『善』、『從』、『子』、『張守中』（『張』『守中』『中』）、『范』等。卷前有趙岐《孟子題辭》。序及每卷末有『相臺岳氏刻梓荆谿家塾』雙行牌記。書中鈐有『李國壽』『晋府書畫之印』『陳定書印』『陳氏世寶』『季印振宜』『滄葦』『崑山徐氏家藏』等印，與岳本《論語集解》相同，均曾經元李國壽、明晋藩、明末陳定收藏，清代曾爲季振宜、徐乾學插架之物，後入清宫天禄琳琅，每册俱鈐有『天禄繼鑑』諸璽。《天禄琳琅書目後編》卷三著録。書葉有霉爛處，損字不多，基本完好，兹影印行世，以供參考。（樊長遠）

總目録

第一册

第二册

第一册目録

五福五代堂古稀天子寶
八徵耄念之寶
太上皇帝之寶

[illegible]題辭

趙氏

題辭者所以題號孟子之書本末指義

表也孟姓也子者男子之通稱也

孟子之所作也故摠謂之孟子其篇

目則[illegible]自有名孟子鄒人也名軻字則未[illegible]

也鄒[illegible]秋邾子之國至孟子時改曰鄒矣

國近[illegible]必又言邾[illegible]所

[illegible]矣孟

孫[illegible]喪母而歸葬[illegible]魯也。
三桓[illegible]微分適他國孟子[illegible]淑
質夙喪[illegible]父幼被慈[illegible]三遷之教長師孔子[illegible]
之孫子思。(長)張丈反 治儒術之道通五經尤長
[illegible]周衰之末戰國縱橫用兵爭强以相
侵奪[illegible]世取士務先權謀以爲上賢先王大
道陵遲墮廢。(墮)許規反 異端竝起若楊朱墨翟
放蕩之言。(翟)音狄 以干時惑衆者非一孟子閔

悼堯舜湯文周孔之業將遂湮微正塗壅底○（底）音旨仁義荒怠佞僞馳騁紅紫亂朱於是則慕[illegible][illegible][illegible]周流憂世遂以儒道遊於諸侯思濟[illegible][illegible]然由不肯枉尺直尋時君咸謂之迂闊於事○（迂）音紆又音于終莫能聽納其說孟子亦自知遭蒼姬之訖録值炎劉之未奮進不得佐興唐虞雍熙之和退不能信三代之餘風○（信）音伸恥沒世而無聞焉是故垂憲言以詒後人。

序

仲尼有云我欲託之空言不如載之行事之深切著明也於是退而論集所與高第弟子公孫丑萬章之徒難疑答問（難乃旦反）又自撰其法度之言著書七篇二百六十一章三萬六百八十五字包羅天地揆敘萬類仁義道德性命禍福粲然靡所不載帝王公侯遵之則可以致隆平頌清廟卿大夫士蹈之則可以尊君父立忠信守志厲操者儀之則

可以崇高節抗浮雲有風人之託物二雅之
誚直而不倨曲而不屈命世亞聖之
也孔子自衛反魯然後樂正雅頌各
乃删詩定書繫周易（繫）胡計反作春秋
自齊梁述堯舜之道而著作焉此大
撥[illegible]仍作者也七十子之疇會集夫子所
言以爲論語論語者五經之錧鎋（錧）音管（鎋）車[illegible]也
[illegible]鎋車六藝之喉衿也（衿）音今孟子[illegible]則而

象之□靈公問陳於孔子。(陳)直刃反 □以
俎豆。梁惠王問利國。孟子對以仁義。□桓魋
□孔子。孔子稱天生德於予。魯臧倉毀鬲
□(鬲)音隔。譖毀之。悄隔耳。又音歷 孟子曰。臧氏之子焉
□不遇哉。(焉)於虔反 旨意合同。若此者衆。
□書四篇。性善辯。文說。孝經。爲正。其文
□能□深。不與內篇相似。似非孟子本眞。後
世依放而託之者也。(放)方往反 孟子既沒之後

序

大道遂絀（音黜）逮至亡秦焚滅經術坑戮儒生孟子徒黨盡矣其書號爲諸子故篇籍得不泯絕漢興除秦虐禁開延道德孝文皇帝欲廣遊學之路論語孝經孟子爾雅皆置博士後罷傳記博士獨立五經而已訖今諸經通義得引孟子以明事謂之博文孟子長於譬喻辭不迫切而意已獨至其言曰說詩者不以文害辭不以辭害志以意逆志為得之

斯言殆欲使後人深求其意以解其文不但施於說詩也今諸解者往往摭取而說之其說又多乖異不同孟子以來五百餘載傳之者亦已衆多余生西京世尋丕祚有自來矣少蒙義方訓涉典文知命之際嬰戚于天遘屯離蹇詭姓遁身經營八紘之內十有餘年心勦形瘵○勦子小反絕也瘵側界反病也何勤如焉嘗息肩弛擔於濟岱之閒○擔都濫反或有溫故知

序

新雅德君子。矜我劬瘁。睠我皓首。訪論稽古。慰以大道。余困吝之中。精神遐漂。（漂）撫昭反靡所濟集。聊欲係志於翰墨。得以亂思遺老也（思）去○亂治也惟六籍之學。先覺之士。釋而辯之者。詳矣。儒家惟有孟子。閎遠微妙。緼奧宜在條理之科。於是乃述已所聞。證以經傳。爲之章句。具載本文。章別其指。分爲上下。凡十四卷。究而言之。不敢以當達者。施於

新學[illegible]牖疑辯惑愚亦未能審於是非後
尚[illegible]覓其違闕儻改而正諸不亦宜乎

相臺岳氏刻
梓荊谿家塾

序

孟子卷第一

梁惠王章句上

趙氏註

孟子見梁惠王孟子適梁。魏惠王禮請孟子見之。梁惠王。魏侯罃也（罃音鸎）王曰叟不遠千里而來亦將有以利吾國乎曰。辭也。叟。長老之稱也。猶父也。孟子去齊老而之魏。故王尊禮之曰。父。不遠千里之路而來至此。亦將有可以爲寡人興利除害乎。（爲）于僞反。下爲王。爲其。曰爲。抑爲。爲是故爲皆同孟子對曰王何必曰利亦有仁義而已矣孟子知王欲以富國强兵爲利。故曰。王何必以利爲名乎。亦惟有仁義之道者。可以爲名。以利爲名。則有不利之患矣。因爲王陳之王曰何以利吾國大夫曰何以利吾家士庶人曰何以利吾身上下交征利而國危矣征。取也。從王至庶人。故言上下交。爭。各欲利其身。必至於簒弑。則國危亡矣。論語曰。放於利而行。多怨。故不欲使王以利爲名也。又言亡爲俱也萬乘之國弑其君者。必千乘之家萬乘。兵車萬乘。謂天子也。千乘。兵車千乘。謂諸侯也。夷羿之弑夏后。是以千乘取萬乘也千乘之國弑其君者。必百乘之家天子建國。諸侯立家。百乘之家。謂大國之卿。食采邑有兵車百乘之賦者也。若齊崔。衛甯。晉六卿等。是以其終亦皆弑其

梁惠王上

君。此以百乘取千乘也。上千乘當言國。而言家者。諸侯以國爲家。亦以避萬乘稱國。故稱家。君臣上下之辭 萬取千焉。千取百焉。不爲不多矣周制。君十卿祿。君食萬鍾。臣食千鍾。亦多矣。不爲不多矣 苟爲後義而先利。不奪不饜苟。誠也。誠令大臣皆後仁義而先自利。則不篡奪君位。不足自饜飽其欲。○（饜）一鹽反。又於豔反。文公於豔反 未有仁而遺其親者也。未有義而後其君者也仁者親親。義者尊尊。人無行仁而遺棄其親。行義而忽後其君者 王亦曰仁義而已矣。何必曰利孟子復申此者。重嗟歎其禍。章指言治國之道。明當以仁義爲名。然後上下和親。君

臣集穆。天經地義不易之道。故以建篇立始也。○（復）扶又反

孟子見梁惠王。王立於沼上。顧鴻鴈麋鹿。曰：賢者亦樂此乎？

沼池也。王好廣苑囿。大池沼。與孟子遊觀。顧視禽獸之衆多。心以爲娛樂。夸咤孟子曰。賢者亦樂此乎。○（樂）音洛。此卷同（咤）丑嫁反

孟子對曰：賢者而後樂此，不賢者雖有此，不樂也。

惟有賢者。然後乃得樂此耳。謂脩堯舜之道。國家安寧。故得有此以爲樂也。不賢之人。亡國破家。雖有此。當爲人所奪。故不得以爲樂也

詩云：經始靈臺，經之營之，庶民攻之，不日成之。

詩大雅靈臺之篇也。言文王始經營規度此臺。衆民並來治作之。不

與期日。自來成之也。經始勿亟。庶民子來。言文王不督促使之亟疾也。衆民自來趣之。若子來爲父使也。○亟音棘。趣音趨。亦如字。王在靈囿。麀鹿攸伏。麀鹿濯濯。白鳥鶴鶴。麀鹿。牝鹿也。言文王在此囿中。麀鹿懷任。安其所而伏。不驚動也。獸肥飽則濯濯。鳥肥飽則鶴鶴而澤好。○麀音憂。鶴詩作翯。戶角反。王在靈沼。於牣魚躍。文王在池沼。魚乃跳躍喜樂。言其德及鳥獸魚鼈也。○於如字。文公音烏。文王以民力爲臺爲沼。而民歡樂之。謂其臺曰靈臺。謂其沼曰靈沼。樂其有麋鹿魚鼈。孟子爲王誦此詩。因曰。文王雖以民力築臺鑿池。民由歡樂之謂其臺沼若神靈之所爲欲使其多禽獸以養文王者也古之人與民偕樂故能樂也偕俱也言古之賢君與民共同其所樂故能樂之湯誓曰時日害喪予及女皆亡湯誓尚書篇名也時是也時乙卯日也害大也言桀爲無道百姓皆欲與湯共伐之湯臨士衆而誓之言是日桀當大喪亡我與女俱往亡之【害】如字又音曷文公音曷【喪】去聲【女】音汝民欲與之皆亡雖有臺池鳥獸豈能獨樂哉孟子說詩書之義以感喻王言民皆欲與湯共亡桀雖有臺池禽獸何能復獨樂之哉復申明上言不賢者雖有此不樂也章指言聖王之德與民共樂恩及鳥獸則忻戴其上太平化興無道之

君。衆怨神怒。則國滅祀絕。不得保守其所樂也。梁惠王曰。寡人之於國也。盡心焉耳矣。王侯自稱孤寡。言寡人於治國之政。盡心欲利百姓。焉耳者。懇至之辭。河內凶。則移其民於河東。移其粟於河內。河東凶亦然。言凶年以此救民也。魏舊在河東。後爲强國。兼得河內也。察鄰國之政。無如寡人之用心者。言鄰國之君。用心憂民。無如己也。鄰國之民不加少。寡人之民不加多。何也。王自怪爲政有此惠。而民人不增多於鄰國者。何也。孟子對曰。王好戰。請以戰喻。因王好戰。故以戰事喻解王意。塡然鼓之兵刃既接棄甲曳兵而走或百步而後止或五十步而後止以五十步笑百步則何如塡鼓音也兵以鼓進以金退孟子問王曰今有戰者兵刃已交其負者棄甲曳兵而走五十步而止足以笑百步止者不 ○塡音田曰不可直不百步耳是亦走也王曰不足以相笑也是人俱走直爭不百步耳 ○直如字又音値曰王如知此則無望民之多於鄰國也孟子曰王如知此不足以相笑王之政猶此也王雖有移民轉穀之善政其好戰殘民與鄰國同而獨望民之多何異於以五十步笑百步者乎不違農時穀不可勝食

也從此已下。爲王陳王道也。使民得三時務農。不違奪其要時。則五穀饒穰。不可勝食。○勝音升。下同

數罟不入洿池魚鼈不可勝食也數罟密網也。密細之網。所以捕小魚鼈者也。故禁之不得用。魚不滿尺不得食。○數七欲反。又音朔。罟音古。洿音烏

斧斤以時入山林材木不可勝用也時。謂草木零落之時。使林木茂暢。故有餘

穀與魚鼈不可勝食材木不可勝用是使民養生喪死無憾也憾恨也。民所用者足。故無恨。○喪如字

養生喪死無憾王道之始也王道先得民心。民心無恨。故言王道之始

五畝之宅樹之以桑。

五十者可以衣帛矣盧井邑居各二畒半以爲宅冬入保城二畒半故爲五畒也樹桑牆下古者年五十乃衣帛矣衣於旣反雞豚狗彘之畜無失其時七十者可以食肉矣言孕字不失時也七十不食肉不飽畜文公許六反百畒之田勿奪其時數口之家可以無飢矣一夫一婦耕耨百畒百畒之田不可以徭役奪其時功則家給人足農夫上中下所食多少各有差故揔言數口之家也數色主反謹庠序之教申之以孝悌之義頒白者不負戴於道路矣庠序者教化之宮也殷曰序周曰庠謹脩教化申重孝悌之義頒者

斑也。頭半白斑斑然者也。壯者代老。心各安之。故斑白者不負戴也

七十者衣帛食肉。黎民不飢不寒。然而不王者。未之有也

言百姓老稚温飽。禮義脩行。積之可以致王也。孟子欲以風王。何不行此。可以王天下。有率土之民。何但望民多於鄰國。○（王）去聲。下以意讀

狗彘食人食而不知檢。塗有餓莩而不知發

言人君但養犬彘。使食人食。而不知以法度檢斂也。塗道也。餓死者曰莩。詩曰。莩有梅。莩零落也。道路之傍有餓死者。不知發倉廩以用賑救之也。○（莩）平表反

人死則曰非我也。歲也

人死。謂餓

是何異於刺人而殺之曰非我也兵也

疫死者也。王政使然。而曰非我殺之。歲殺之也。此何以異於用兵殺人。而曰非我也。兵自殺之也。刺七亦反。又七四反王無罪歲斯天下之民至焉戒王無歸罪於歲。責己而改行。則天下之民皆可致也。章指言王化之本。在於使民養生喪死之用備足。然後導之以禮義。責己矜窮。則斯民集矣。行下孟反

梁惠王曰。寡人願安承教願安意承受孟子之教令孟子對曰。殺人以梃與刃。有以異乎梃。杖也。梃徒頂反曰。無以異也王曰梃刃殺人。無以異也以刃與政。有以異乎孟子欲以政喻王曰。無以異也王復曰。政殺人無以異也曰。庖有肥肉。廄

有肥馬。民有飢色。野有餓莩。此率獸而食人也。孟子言人君如此。爲率禽獸以食人也。獸相食。且人惡之。爲民父母行政。不免於率獸而食人。惡在其爲民父母也。虎狼食禽獸。人猶尚惡視之。牧民爲政。乃率禽獸食人。安在其爲民父母之道也。○惡之，烏路反。惡在，音烏。猶安也。下惡乎定。惡知皆同。仲尼曰：始作俑者。其無後乎。爲其象人而用之也。如之何其使斯民飢而死也。俑。偶人也。用之送死。仲尼重人類。謂秦穆公時以三良殉葬。本由有作俑者也。夫惡其始造。故曰。此人其無後嗣乎。如之何其使此

民飢而死邪。孟子陳此以教王愛民。章指言王者爲政之道。生民爲首。以政殺人。人君之咎。猶以白刃疾之甚也。○俑音勇

梁惠王曰晉國天下莫强焉叟之所知也韓。魏。趙。本晉六卿。當此時號三晉。故惠王言晉國天下强也

及寡人之身東敗於齊長子死焉西喪地於秦七百里南辱於楚寡人恥之願比死者壹洒之如之何則可王念有此三恥。求策謀於孟子。○長張丈反。下長上。長者。皆同。比文公必二反。洒音洗

孟子對曰地方百里而可以王言古聖人以百里之地。以致王天下。謂文王也

王如施仁政

梁惠王上

於民。省刑罰。薄稅斂。深耕易耨。壯者以暇日。脩其孝悌忠信。入以事其父兄。出以事其長上。可使制梃以撻秦楚之堅甲利兵矣易耨芸苗令簡易也。制。作也。王如行此政。可使國人作杖。以捶敵國堅甲利兵。何患恥之不雪也。○省所梗反斂力劍反易以豉反耨奴豆反彼奪其民時使不得耕耨以養其父母。父母凍餓。兄弟妻子離散。彼陷溺其民。王往而征之。夫誰與王敵彼。謂齊秦楚也。彼困其民。願王往征之也。彼失民心。民不爲用。夫誰與共禦王之師。爲王敵乎。○養餘亮反故曰仁者無敵王請勿疑鄰國暴虐。己脩仁政。則無敵矣。王請行之。勿有疑也。章指言以百里行仁。天下歸之。以政傷民。民樂其亡。以梃服强。仁與不仁也。孟子見梁襄王。出語人曰。望之不似人君。襄謚也。梁之嗣王也。望之無儼然之威儀也。○語魚據反。下同。襄王。惠王子。名赫。就之而不見所畏焉。就與之言。無人君操秉之威。知其不足畏。卒然問曰。天下惡乎定。卒暴問事。不由其次也。問天下安所定。言誰能定之。○卒七沒反吾對曰。定于一。孟子謂仁政爲一也孰能一之。言孰能一之者對曰。不嗜殺人者能一之。嗜猶甘也。言今諸侯有不甘樂殺人者則能一之孰能與之王言誰能與不嗜殺人者乎對曰天下莫不與也孟子曰時人皆苦虐政如有行仁天下莫不與之王知夫苗乎七八月之閒旱則苗槁矣天油然作雲沛然下雨則苗浡然興之矣其如是孰能禦之以苗生喻人歸也周七八月夏之五六月油然興雲之貌沛然下雨以潤槁苗則浡然已盛孰能止之○槁音考沛普蓋反浡音勃今夫天下之人牧未有不嗜殺人者也如有不嗜殺人者則天下之民皆引領而望之矣誠如是也

民歸之。由水之就下。沛然誰能禦之。今天下牧民之君。誠能行此仁政。民皆延頸望。欲歸之。如水就下。沛然而來。誰能止之。章指言定天下者一道而已。不貪殺人。人則歸之。是故文王視民如傷。此之謂也。○由與猶同

齊宣王問曰。齊桓晉文之事。可得聞乎。宣。謚也。宣王問孟子。欲庶幾齊桓公小白。晉文公重耳。孟子冀得行道。故仕於齊。不用而去。乃適於梁。建篇先梁者。欲以仁義首篇。因言魏事。章次相從。然後道齊之事也。○宣王。姓田氏。名辟彊。

孟子對曰。仲尼之徒。無道桓文之事者。是以後世無傳焉。臣未之聞也。孔子之門徒。頌述宓戲以來。至文武周公

之法制耳。雖及五霸。心賤薄之。是以儒家後世無欲傳道之者。故曰。臣未之聞也。無以則王乎既不論三皇五帝。殊無所問。則尚當問王道耳。不欲使王問霸事也。曰。德何如則可以王矣王曰。德行當何如而可得以王乎曰。保民而王。莫之能禦也保。安也。禦。止也。言安民則惠。黎民懷之。若此以王。無能止也曰。若寡人者可以保民乎哉王自恐德不足以安民。故問之曰。可孟子以爲如王之性。可以安民也曰。何由知吾可也王問孟子。何以知吾可以安民曰。臣聞之胡齕曰。王坐於堂上。有牽牛而過堂下者。王見之曰。牛何之對曰將以釁鐘王曰舍之吾不忍其觳觫若無罪而就死地對曰然則廢釁鐘與曰何可廢也以羊易之不識有諸（胡齕王左右近臣也觳觫牛當到死地處恐貌新鑄鐘殺牲以血塗其釁郄因以祭之曰釁周禮大祝曰墮釁逆牲逆尸令鐘鼓天府上春釁寶鐘及寶器孟子曰臣受胡齕言王嘗有此仁不知誠有之否○齕恨没反釁許覲反舍音捨觳觫音斛速與音餘下何與心與聞與甚與口與體與目與前與皆同墮許規反）曰有之（王曰有之）曰是心足以王矣

百姓皆以王爲愛也臣固知王之不忍也（愛嗇）

也。孟子曰。王推是仁心。足以至於王道。然百姓皆謂王嗇愛其財。臣知王見牛恐懼。不欲趨死。不忍。故易之也。王曰。然。誠有百姓者。齊國雖褊小。吾何愛一牛。即不忍其觳觫。若無罪而就死地。故以羊易之也。王曰。亦誠有百姓所言者矣。吾國雖小。豈愛惜一牛之財費哉。即見其牛。哀之。釁鍾又不可廢。故易之以羊耳。曰。王無異於百姓之以王爲愛也。以小易大。彼惡知之。王若隱其無罪而就死地。則牛羊何擇焉。異。怪也。隱。痛也。孟子言無怪百姓之謂王愛財也。見王以小易大故也。王如痛其無罪。羊亦無罪。何爲獨釋牛而取羊王笑曰是誠何心哉我非愛其財而易之以羊也宜乎百姓之謂我愛也王自笑心不然而不能自免爲百姓所非乃責己之以小易大故曰宜乎其罪我也曰無傷也是乃仁術也見牛未見羊也君子之於禽獸也見其生不忍見其死聞其聲不忍食其肉是以君子遠庖廚也孟子解王自責之心曰無傷於仁是乃王爲仁之道也王時未見羊羊之爲牲次於牛故用之耳是以君子遠庖廚不欲見其生食其肉也○遠于萬反王說曰詩云他人有心予忖度之夫

子之謂也。夫我乃行之，反而求之，不得吾心。夫子言之，於我心有戚戚焉。此心之所以合於王者，何也？〔詩小雅巧言之篇也。王喜悅，因稱是詩以嗟嘆孟子忖度知己心。戚戚然，心有動也。寡人雖有是心，何能足以王也。○說音悅。度音鐸，下除度然、度丈，餘皆同〕曰：有復於王者曰：吾力足以舉百鈞，而不足以舉一羽；明足以察秋毫之末，而不見輿薪，則王許之乎？〔復，白也。許，信也。人有白王如此，王信之乎？百鈞，三千斤也〕曰：否。〔王曰我不信也〕今恩足以及禽獸，而功不至於百姓者獨何與然則一羽之不舉爲不用力焉輿薪之不見爲不用明焉百姓之不見保爲不用恩焉故王之不王不爲也非不能也孟子言王恩及禽獸而不安百姓若不用力不用明者也不爲耳非不能也○爲不文公去聲

曰不爲者與不能者之形何以異王問其狀何以異也

曰挾大山以超北海語人曰我不能是誠不能也爲長者折枝語人曰我不能是不爲也非不能也故王之不王非挾大山以超北

海之類也。王之不王。是折枝之類也。孟子爲王陳爲與不爲之形若是。王則不折枝之類也。折枝。按摩。折手節。解罷枝也。少者恥見役。故不爲耳。非不能也。太山北海皆近齊。故以爲喻也。○挾音協。折之舌反。陸善經云。折枝。折草樹枝。罷音疲。

老吾老。以及人之老。幼吾幼。以及人之幼。天下可運於掌。老猶敬也。幼猶愛也。敬我之老。亦敬人之老。愛我之幼。亦愛人之幼。推此心以惠民。天下可轉之掌上。言易也。

詩云。刑于寡妻。至于兄弟。以御于家邦。言舉斯心。加諸彼而已。詩大雅思齊之篇也。刑。正也。寡。少也。言文王正己適妻。則八妾從。以及兄弟。御。享也。

享天下國家之福。但舉己心。加於人耳。○御如字。鄭箋詩云。治也 故推恩足以保四海。不推恩無以保妻子。古之人所以大過人者無他焉。善推其所爲而已矣 大過人者。大有爲之君也。善推其心所好惡。以安四海也 今恩足以及禽獸。而功不至於百姓者。獨何與 復申此言。非王不能。不爲之耳 權然後知輕重。度然後知長短。物皆然。心爲甚。王請度之 權。銓衡也。可以稱輕重。度。丈尺也。可以量長短。凡物皆當稱度乃可知。心當行之。乃爲仁。心比於物。尤當爲之甚者也。欲使王度心如度物也 抑王興

甲兵危士臣構怨於諸侯然後快於心與抑辭
也孟子問王抑亦如是乃快邪王曰否吾何快於是將以求
吾所大欲也王言不然我不快是也將欲以求我心所大欲者耳曰王
之所大欲可得聞與孟子雖心知王意而故問者欲令王自道緣以
陳之王笑而不言王意大而不敢正言曰為肥甘不足於
口與輕煖不足於體與抑為采色不足視於
目與聲音不足聽於耳與便嬖不足使令於
前與王之諸臣皆足以供之而王豈為是哉

孟子復問此五者。欲以致王所欲也。故發異端以問也。○爲文公益去聲。下不爲同。便婢緜反。嬖音臂

曰。否。吾不爲是也。王言我不爲是也曰。然則王之所大欲可知已。欲辟土地。朝秦楚。莅中國而撫四夷也。莅。臨也。言王意欲庶幾王者莅臨中國而安四夷者也○辟音闢以若所爲。求若所欲。猶緣木而求魚也。若。順也。順嚮者所爲。謂構兵諸侯之事。求順今之所欲莅中國之願。其不可得。如緣喬木而求生魚也王曰。若是其甚與。王謂比之緣木求魚爲大甚曰。殆有甚焉。緣木求魚。雖不得魚。無後災。以若

所爲求若所欲。盡心力而爲之。後必有災。孟子言盡心戰鬭。必有殘民破國之災。故曰。殆有甚於緣木求魚者也。曰。可得聞與。王欲知其害也。曰。鄒人與楚人戰。則王以爲孰勝。言鄒小楚大也。曰。楚人勝。王曰。楚人勝也。曰。然則小固不可以敵大。寡固不可以敵衆。弱固不可以敵强。海內之地。方千里者九。齊集有其一。以一服八。何以異於鄒敵楚哉。固。辭也。言小弱固不如强大。集會齊地。可方千里。譬一州耳。今欲以一州服八州。猶鄒欲敵楚。蓋亦反其本矣。王欲服之之道。蓋當反王道之本今王發政施仁使天下仕者皆欲立於王之朝。耕者皆欲耕於王之野。商賈皆欲藏於王之市。行旅皆欲出於王之塗。天下之欲疾其君者。皆欲赴愬於王。其若是。孰能禦之反本道。行仁政。若此則天下歸之。誰能止之者。賈音古愬音訴

王曰。吾惽。不能進於是矣。願夫子輔吾志。明以教我。我雖不敏。請嘗試之王言我情思惽亂。不能進行此仁政。不知所當施行也。欲使孟子明言其道以教訓之。我雖不敏。願嘗使少行之也。惽

梁惠王上

音昏曰無恒產而有恒心者惟士爲能若民則無恒產因無恒心孟子爲王陳其法也恒常也產生也恒產則民常可以生之業也恒心人常有所善心也惟有學士之心者雖窮不失道不求苟得耳凡民迫於飢寒則不能守其常善之心○恒文公胡登反苟無恒心放辟邪侈無不爲已及陷於罪然後從而刑之是罔民也民誠無恒心放溢辟邪侈於姦利犯罪觸刑無所不爲乃就刑之是由張羅罔以罔民者也○辟音僻侈尺氏反焉有仁人在位罔民而可爲也安有仁人爲君罔陷其民是政何可爲也○焉於虔反是故明君

制民之產必使仰足以事父母俯足以畜妻子樂歲終身飽凶年免於死亡然後驅而之善故民之從之也輕言衣食足知榮辱故民從之教化輕易也○(畜)許六反下同今也制民之產仰不足以事父母俯不足以畜妻子樂歲終身苦凶年不免於死亡此惟救死而恐不贍奚暇治禮義哉言今民困窮救死恐凍餓而不給何暇脩禮行義也○(治)文公平聲凡爲理物之義者放此王欲行之則盍反其本矣五畝之宅樹之以桑

五十者可以衣帛矣。雞豚狗彘之畜。無失其時。七十者可以食肉矣。百畝之田。勿奪其時。八口之家可以無飢矣。謹庠序之教。申之以孝悌之義。頒白者不負戴於道路矣。老者衣帛食肉。黎民不飢不寒。然而不王者。未之有也。

其說與上同。八口之家。次上農夫也。孟子所以重言此者。乃王政之本。常生之道。故爲齊梁之君各具陳之。當章究義。不嫌其重也。章指言典籍攸載。帝王道純。桓文之事。譎正相紛。撥亂反正。聖意弗珍。故曰後世無傳未聞。仁不施人。猶不成德。釁鐘易牲。民不被

澤。王請嘗試。欲踐其跡。荅以反本。惟
是爲要。此蓋孟子不屈道之言也

孟子卷第一

相臺岳氏刻梓荊谿家塾

孟子卷第二

梁惠王章句下

莊暴見孟子曰暴見於王王語暴以好樂暴未有以對也曰好樂何如莊暴齊臣也不能決知之故無以對而問曰王好樂何如○暴見賢遍反下他日見同語音御下同好呼報反卷內同孟子曰王之好樂甚則齊國其庶幾乎王誠能大好古之樂齊國其庶幾治乎他日見於王曰王嘗語莊子以好樂有諸孟子問王有是語不王變乎色曰寡人非能

好先王之樂也直好世俗之樂耳變乎色。慍恚莊子道其好樂也。王言我不能好先王之樂也。直好世俗之樂。謂鄭聲也曰。王之好樂甚則齊其庶幾乎。今之樂猶古之樂也甚。大也。謂大要與民同樂。古今何異也曰可得聞與王問古今同樂之意。寧可得聞邪曰獨樂樂與人樂樂孰樂孟子復問王獨自作樂樂邪。與人共聽樂樂也。○樂樂上音岳。下音洛。下皆同。孰樂音洛曰不若與人王曰。獨聽樂。不如與衆共聽之樂也曰與少樂樂與衆樂樂孰樂孟子復問王與少人共聽樂樂邪。與衆人共聽樂樂也曰不若與衆王言不若與衆人共聽樂樂也臣請爲王言樂孟子欲爲王陳獨樂與衆人樂之狀。(爲)于僞反。下同今王鼓樂於此。百姓聞王鐘鼓之聲。管籥之音。舉疾首蹙頞而相告曰。吾王之好鼓樂。夫何使我至於此極也。父子不相見。兄弟妻子離散鼓樂者。樂以鼓爲節也。管。笙。籥。簫。或曰。籥若笛。短而有三孔。詩云。左手執籥。以節衆也。疾首。頭痛也。蹙頞。愁貌。言王擊鼓作樂。發賦徭役。皆出於民。而德不加之。故使百姓愁。(蹙)子六反(頞)音遏今王田獵於此。百姓聞王車馬之音。見羽旄之美。舉疾首蹙頞而相告曰吾王之好田獵夫何使我至於此極也父子不相見兄弟妻子離散此無他不與民同樂也田獵無節以非時取牲也羽旄之美但飾羽旄使之美好也發民驅獸供給役使不得休息故民窮極而離散奔走也今王鼓樂於此百姓聞王鍾鼓之聲管籥之音舉欣欣然有喜色而相告曰吾王庶幾無疾病與何以能鼓樂也百姓欲令王康强而鼓樂也今無賦斂於民而有惠益故欣欣然而喜也今王田獵於此百姓聞王車馬之音見羽

旄之美舉欣欣然有喜色而相告曰吾王庶幾無疾病與何以能田獵也此無他與民同樂也王以農隙而田不妨民時有愍民之心因田獵而加撫恤之是以民悅也今王與百姓同樂則王矣孟子言王何故不大好樂效古賢君與民同樂則可以王天下也何惡莊子之言王好樂也章指言人君田獵以時鐘鼓有節發政行仁民樂其事則王道之階在於此矣故曰天時不如地利地利不如人和矣

齊宣王問曰文王之囿方七十里有諸王言聞文王苑囿方七十里寧有之孟子對曰於傳有之○於傳文有是言傳直戀反

曰若是其大乎（王怪其大）曰民猶以爲小也（言文王之民尚以爲小也）曰寡人之囿方四十里民猶以爲大何也（王以爲文王在岐豐時雖爲西伯土地尚狹而囿以大矣今我地方千里而囿小之民以爲寡人囿大何故也）曰文王之囿方七十里芻蕘者往焉雉兔者往焉與民同之民以爲小不亦宜乎（芻蕘者取芻薪之賤人也雉兔獵人取雉兔者言文王聽民往取禽獸刈其芻薪民苦其小是其宜也○（蕘）音饒）臣始至於境問國之大禁然後敢入（言王之政嚴刑重也）臣聞郊關之內有囿

方四十里，殺其麋鹿者，如殺人之罪。郊關，齊四境之郊皆有關。則是方四十里爲阱於國中，民以爲大，不亦宜乎。設陷阱者，不過丈尺之閒耳。今王陷阱乃方四十里，民苦其大，不亦宜乎。章指言譏王廣囿專利，嚴刑陷民也。○阱才性反

齊宣王問曰：交鄰國有道乎。問與鄰國交接之道。孟子對曰：有。欲爲王陳古聖賢之比。惟仁者爲能以大事小，是故湯事葛，文王事混夷。葛伯放而不祀，湯先助之祀。詩云：昆夷兊矣，惟其喙矣。謂文王也。是則聖人行仁政，能以大事小者也。○混音昆　惟智者爲能以小事

大。故大王事獯鬻。句踐事吴。獯鬻北狄彊者。今匈奴也。大王去邠。避獯鬻。越王句踐退於會稽。身自官事吴王夫差。是則智者用智。是故以小事大而全其國也。○大王。音泰。後大師大王皆放此。獯鬻上音熏。下音育。夏曰獯鬻。商曰鬼方。周曰獫狁。秦漢曰匈奴。魏曰突厥。句古侯反

以大事小者。樂天者也。以小事大者。畏天者也。樂天者保天下。畏天者保其國。詩云。畏天之威。于時保之。聖人樂天行道。如天無不葢也。故保天下。湯文是也。智者量時畏天。故保其國。大王句踐是也。詩。周頌我將之篇。言成王尚畏天之威。於是時故能安其大平之道也。○樂音洛

王曰。大

哉言矣寡人有疾寡人好勇王謂孟子之言大不合於其意。荅之云。寡人有疾。疾於好勇。不能行聖賢之所履也對曰王請無好小勇夫撫劍疾視曰彼惡敢當我哉此匹夫之勇敵一人者也疾視。惡視也。撫劍瞋目曰。人安敢當我哉。此一夫之勇。足以當一人之敵者也。（惡）音烏王請大之詩云王赫斯怒爰整其旅以遏徂莒以篤周祜以對于天下此文王之勇也文王一怒而安天下之民詩大雅皇矣之篇也。言文王赫然斯怒。於是整其師旅。以遏止往伐莒者。以篤周家之福。以揚名於天下文王一怒而安民願王慕其大勇無論匹夫之小勇書曰天降下民作之君作之師惟曰其助上帝寵之四方有罪無罪惟我在天下曷敢有越厥志書尚書逸篇也言天生下民爲作君爲作師以助天光寵之也四方善惡皆在己所謂在予一人天下何敢有越其志者也一人衡行於天下武王恥之此武王之勇也衡橫也武王恥天下一人有橫行不順天道者故伐紂也衡音橫而武王亦一怒而安天下之民今王亦一怒而安天下之民民惟恐王之不好勇也孟子言武

王好勇。亦則文王一怒而安天下之民也。今王好勇。亦則武王一怒而安天下之民。民恐王之不好勇耳。王何爲欲小勇而自謂有疾也。章指言聖人樂天。賢者知時。仁必有勇。勇以討亂而不爲暴。則百姓安之

齊宣王見孟子於雪宮。王曰。賢者亦有此樂乎。雪宮。離宮之名也。宮中有苑囿臺池之飾。禽獸之饒。王自多有此樂。故問曰。賢者亦能有此樂乎

孟子對曰。有人不得。則非其上矣。不得而非其上者。非也。爲民上而不與民同樂者。亦非也。有人不得。人有不得志者也。不責己仁義不自脩。而責上之不用己。此非君子之道。人君適情從欲。獨樂其身。而不與民同樂

梁惠王下

亦非在上不驕之義也○從音縱樂民之樂者民亦樂其樂
憂民之憂者民亦憂其憂言民之所樂君與之同故民亦樂使其君有樂也民之所憂者君助憂之故民亦能憂君之憂爲之赴難也樂以天
下憂以天下然而不王者未之有也言古賢君樂則以已之樂與天下同之憂則以天下之憂與已共之如是未有不王者孟子以是荅王者言雖有此樂未能與人共之昔者齊景公問於晏子曰吾
欲觀於轉附朝儛遵海而南放于琅邪吾何
脩而可以比於先王觀也孟子言往者齊景公嘗問其相晏子

若此也。轉附。朝儛皆山名也。又言朝。水名也。遵。循也。放。至也。循海而南至于琅邪。琅邪。齊東南境上邑也。當何脩治。可以比先王之觀遊乎。先王。先聖之王也。○（朝）文公音潮（儛）音舞（放）方往反（觀）也。音貫。亦如字

晏子對曰善哉問也天子適諸侯曰巡狩巡狩者巡所守也諸侯朝於天子曰述職述職者述所職也無非事者春省耕而補不足秋省斂而助不給言天子諸侯出必因王事有所補助於民無非事而空行者也春省耕問耒耜之不足秋省斂助其力不給也。○（省）息井反。下同夏諺曰吾王不遊吾何以休吾王不

豫。吾何以助。一遊一豫。爲諸侯度。晏子道夏禹之世。民之諺語也。言王者巡狩觀民。其行從容。若遊若豫。豫亦遊也。春秋傳曰。魯季氏有嘉樹。晉范宣子豫焉。吾王不遊。我何以得見勞苦蒙休息也。吾王不豫。我何以得見振贍助不足也。王者一遊一豫。行恩布德。應法而出。可以爲諸侯之法度也。今也不然。師行而糧食。飢者弗食。勞者弗息。睊睊胥讒。民乃作慝。今也者。晏子言今時天下之民。人君興師行軍。皆遠轉糧食而食之。有飢不得飽食。勞者致重亦不得休息。在位者又睊睊側目相視。更相讒惡。民由是化之。而作慝。慝。惡也。○睊古縣反。慝吐得反。方命虐民。飲食若流。流連荒亡爲諸侯憂方猶放也。放棄不用先王之命。但爲虐民之政。恣意飲食若水流之無窮極也。謂沈湎于酒。熊蹯不熟。怒而殺人之類也。流連荒亡。皆驕君之溢行也。言王道虧。諸侯行霸。由當相匡正。故爲諸侯憂也。○蹯音煩從流下而忘反謂之流從流上而忘反謂之連從獸無厭謂之荒樂酒無厭謂之亡先王無流連之樂荒亡之行惟君所行也言驕君放遊。無所不爲。或浮水而下。樂而忘反。謂之流。若齊桓與蔡姬乘舟於囿之類也。連者引也。使人徒引舟船。上行而忘反以爲樂。故謂之連。書曰。罔水行舟。丹朱慢遊。無水而行舟。豈不引舟於水而上行乎。此其類也。從獸無厭。若羿之好田獵。無有厭極。以亡其身。故謂之荒亂也。樂酒無厭。若殷紂以酒喪國也。故謂之亡。言聖人之行。無此四者。惟君所欲行也。晏子之意。不欲使景公空遊於琅邪。而無益於民也。○(厭)平聲

景公說。大戒於國。出舍於郊。於是始興發補不足。景公說晏子之言也。戒。備也。大脩戒備於國。出舍於郊。示憂民困。始興惠政。發倉廩以振貧下不足者也。○(說)音悅。下同

召大師曰。為我作君臣相說之樂。蓋徵招角招是也。大師樂師也。徵招角招。其所作樂章名也。○(徵)陟里反 (招)音韶。下同

其詩曰。畜君何尤。畜君者。好君也。其詩。樂詩也。言臣說君。謂之好君。何尤者。無過

梁惠王下

也。孟子所以道晏子景公之事者。欲以感喻宣王。非其矜夸雪宮。而欲以若賢者。章指言與天下同憂者。不爲慢遊之樂。不循四溢之行。是以文王不敢盤于遊田也。○畜許六反

齊宣王問曰。人皆謂我毀明堂。毀諸已乎謂泰山下明堂。本周天子東巡狩朝諸侯之處也。齊侵地而得有之。人勸宣王。諸侯不用明堂。可毀壞。故疑而問於孟子。當毀之乎。已。止也孟子對曰。夫明堂者。王者之堂也。王欲行王政。則勿毀之矣言王能行王道者。則可無毀也王曰。王政可得聞與王言王政當何施。其法寧可得聞對曰。昔者文王之治岐也。耕者九一。仕

者世祿關市譏而不征澤梁無禁罪人不孥

言往者文王爲西伯時始行王政使岐民脩井田八家耕八百畝其百畝者以爲公田及廬井故曰九一也紂時稅重文王復行古法也仕者世祿賢者子孫必有土地關以譏難非常不征稅也陂池魚梁不設禁與民共之也孥妻子也詩云樂爾妻孥罪人不孥惡惡止其身不及妻子也○孥音奴難乃旦反惡惡上烏路反下如字

老而無妻曰鰥老而無夫曰寡老而無子曰獨幼而無父曰孤此四者天下之窮民而無告者文王發政施仁必先斯四者

言此四者皆天下之窮民文王常恤鰥寡

存孤獨也詩云哿矣富人哀此煢獨詩小雅正月之篇哿可也詩人言居今之世可矣富人但憐愍此煢獨羸弱者耳文王行政如此也○哿工可反煢音瓊王曰善哉言乎善此王政之言曰王如善之則何為不行孟子言王如善此王政則何為不行也王曰寡人有疾寡人好貨王言我有疾疾於好貨故不能行對曰昔者公劉好貨詩云乃積乃倉乃裹餱糧于橐于囊思戢用光弓矢斯張干戈戚揚爰方啓行故居者有積倉行者有裹囊也然後可以爰方啓

行王如好貨與百姓同之於王何有詩大雅公劉之篇也乃積穀於倉乃裹盛乾食之糧於橐囊也思安民故用有寵光也戚斧揚鉞也又以武備之四方啓道路孟子言公劉好貨若此王若則之於王何有不可也○〔餱〕音侯〔橐〕音託〔戢〕音集啓〔行〕如字王曰寡人有疾寡人好色王言我有病病好色不能行也對曰昔者大王好色愛厥妃詩云古公亶甫來朝走馬率西水滸至于岐下爰及姜女聿來胥宇當是時也內無怨女外無曠夫王如好色與百姓同之於王何有詩大雅緜之篇

也。亶甫。大王名也。號稱古公。來朝走馬。遠避狄難。去惡疾也。率。循也。滸。水涯也。循西方水滸來至岐山下也。姜女。大王妃也。於是與姜女俱來相土居也。言大王亦好色。非但與姜女俱行而已也。普使一國男女。無有怨曠。王如則之。與百姓同欲。皆使無過時之思。則於王之政。何有不可乎。章指言夫子恂恂然善誘人。誘人以進於善也。齊王好貨好色。孟子推以公劉大王。所謂責難於君謂之恭者也。○滸音虎

孟子謂齊宣王曰。王之臣有託其妻子於其友。而之楚遊者假此言以爲喻比其反也。則凍餒其妻子。則如之何言無友道。當如之何○比必二反。及也王曰。棄之言當棄之絕友道也曰。

梁惠王下

士師不能治士則如之何士師獄官吏也不能治獄當如之何王曰已之已之者去之也曰四境之內不治則如之何境內之事王所當理不勝其任當如之何孟子以此動王心令戒懼也王顧左右而言他王顧而左右顧視道他事無以荅此言也章指言君臣上下各勤其任無墮其職乃安其身也○墮許規反亦音惰孟子見齊宣王曰所謂故國者非謂有喬木之謂也有世臣之謂也故者舊也喬高也人所謂是舊國也者非但見其有高大樹木也當有累世脩德之臣常能輔其君以道乃爲舊國可法則也王無親臣矣今王無可親任

之臣昔者所進今日不知其亡也言王取臣不詳審往日之所知今日爲惡當誅亡王無以知也王曰吾何以識其不才而舍之王言我當何以先知其不才而舍之不用也○舍音捨舍女同曰國君進賢如不得已將使卑踰尊疏踰戚可不愼與言國君欲進用人當留意考擇如使忽然不精心意如不得已而取備官則將使尊卑親疏相踰豈可不重愼之左右皆曰賢未可也諸大夫皆曰賢未可也國人皆曰賢然後察之見賢焉然後用之謂選大臣防比周之譽核鄉原之徒論曰衆好之必察焉左

右皆曰不可勿聽諸大夫皆曰不可勿聽國人皆曰不可然後察之見不可焉然後去之衆惡之必察焉惡直醜正寔繁有徒防其朋黨以毁忠正左右皆曰可殺勿聽諸大夫皆曰可殺勿聽國人皆曰可殺然後察之見可殺焉然後殺之故曰國人殺之也言當愼行大辟之罪五聽三宥古者刑人於市與衆棄之如此然後可以爲民父母行此三愼之聽乃可以子畜百姓也章指言人君進賢退惡翔而後集有世賢臣稱曰舊國則四方贍仰之以爲則矣齊宣王問曰

湯放桀。武王伐紂。有諸。有之否乎 孟子對曰。於傳有之。於傳文有之矣 曰。臣弑其君可乎。王問臣何以得弑其君。豈可行乎 曰。賊仁者謂之賊。賊義者謂之殘。殘賊之人。謂之一夫。聞誅一夫紂矣。未聞弑君也。言殘賊仁義之道者。雖位在王公。將必降爲匹夫。故謂之一夫也。但聞武王誅一夫紂耳。不聞弑其君也。書云。獨夫紂。此之謂也。章指言孟子云紂以崇惡失其尊名。不得以君臣論之。欲以深寤齊王。垂戒于後也

孟子謂齊宣王曰。爲巨室。則必使工師求大木。工師得大木。則王喜。以

爲能勝其任也。匠人斲而小之，則王怒，以爲不勝其任矣。巨室，大宮也。爾雅曰：宮謂之室。工師，主工匠之吏。匠人，工匠之人也。將以此喻之也。夫人幼而學之，壯而欲行之。王曰：姑舍女所學而從我，則何如？姑，且也。謂人少學先王之正法，壯大而仕，欲施行其道，而王止之曰：且舍置汝所學而從我之教命，此何如也。○女音汝。今有璞玉於此，雖萬鎰，必使玉人彫琢之。至於治國家，則曰：姑舍女所學而從我，則何以異於教玉人彫琢玉哉？二十兩爲鎰。彫琢，治飾玉也。詩云：彫琢其章。雖有萬鎰在此。言衆多也。必須玉人能治之耳。至於治國家。而令從我。是爲教玉人治玉也。教人治玉。不得其道。則玉不得美好。教人治國。不以其道。則何由能治者乎。章指言任賢使能。不違其學。則功成而不墮。屈人之是從己之非。則人不成道。玉不成圭。善惡之致。可不察哉

○鎰音溢

齊人伐燕勝之。宣王問曰。或謂寡人勿取。或謂寡人取之。以萬乘之國伐萬乘之國。五旬而舉之。人力不至於此。不取必有天殃。取之何如。萬乘非諸侯之號。時燕國皆侵地廣大。僭號稱王。故曰萬乘。五旬。五十日也。書曰。朞三百有六旬。言五旬。未久而取之。非人力。乃天也。天與不

取。懼有殃咎。取之何如孟子對曰。取之而燕民悅。則取之。古之人有行之者。武王是也。武王伐紂而殷民喜悅。篚厥玄黃而來迎之。是以取之也取之而燕民不悅。則勿取。古之人有行之者。文王是也。文王以三仁尚在。樂師未奔。取之懼殷民不悅。故未取之以萬乘之國。伐萬乘之國。簞食壺漿。以迎王師。豈有他哉。避水火也。如水益深。如火益熱。亦運而已矣。燕人所以持簞食壺漿來迎王師者。欲避水火難耳。如其所患益甚。則亦運行奔走而去矣。今王誠能使燕民免於水火。亦若武王

梁惠王下

伐紂。殷民喜悅之時。則可取之。章指言征伐之道。當順民心。民心悅則天意得。天意得。然後乃可以取人之國也。○食音嗣。後簞食放此

齊人伐燕取之。諸侯將謀救燕。宣王曰。諸侯多謀伐寡人者。何以待之。宣王貪燕而取之。諸侯不義其事。將謀伐齊救燕。宣王懼而問之。孟子對曰。臣聞七十里爲政於天下者。湯是也。未聞以千里畏人者也。成湯脩德。以七十里而得天下。今齊地方千里。何畏懼哉。書曰。湯一征。自葛始。天下信之。東面而征西夷怨。南面而征北狄怨。曰。奚爲後我民。

望之若大旱之望雲霓也歸市者不止耕者不變誅其君而弔其民若時雨降民大悅書曰徯我后后來其蘇此二篇皆尚書逸篇之文也言湯初征自葛始誅其君恤其民天下信湯之德面者嚮也東嚮征西夷怨者去王城四千里夷服之國也故謂之四夷言遠國思望聖化之甚也故曰何爲後我霓虹也雨則虹見故大旱而思見之徯待也后君也待我君來則我蘇息也○霓五稽反徯胡禮反今燕虐其民王往而征之民以爲將拯已於水火之中也簞食壺漿以迎王師若殺其父兄係累其

子弟。毁其宗廟。遷其重器。如之何其可也。拯。濟也。係累猶縛結也。燕民所以悅喜迎王師者。謂濟救於水火之中耳。今又殘之若此。安可哉。○累力追反。天下固畏齊之彊也。今又倍地而不行仁政。是動天下之兵也。言天下諸侯素畏齊彊。今復并燕一倍之地。以是行暴。則多所危。是動天下之兵共謀齊也。王速出令。反其旄倪。止其重器。謀於燕衆。置君而後去之。則猶可及止也。速。疾也。旄。老旄也。倪。弱小倪倪者也。孟子勸王急出令。先還其老小。止勿徙其寶重之器。與燕民謀置所欲立君。而去之歸齊。天下之兵。猶可及其未發

而止之也。章指言伐惡養善。無貪其富。以小王大。夫將何懼也。○〔旄倪〕上音耄。下音齯

鄒與魯鬨。穆公問曰。吾有司死者三十三人。而民莫之死也。誅之則不可勝誅。不誅則疾視其長上之死而不救。如之何則可也。鬨。鬭聲也。猶構兵而鬭也。長上。軍率也。鄒穆公忿其民不赴難。而問其罰當謂何也。○〔鬨〕胡弄反。〔長〕張丈反。下其長長老同。〔率〕所類反

孟子對曰。凶年饑歲。君之民老弱轉乎溝壑。壯者散而之四方者幾千人矣。而君之倉廩實。府庫充。有司莫以告。是

上慢而殘下也。言往者遭凶年之阨。民困如是。有司諸臣。無告白於君。有以振救之。是上驕慢以殘賊其下也。曾子曰。戒之戒之。出乎爾者反乎爾者也。曾子有言。上所出善惡之命。下終反之。不可不戒也。夫民今而後得反之也。君無尤焉。尤。過也。孟子言百姓乃今得反報諸臣不哀矜耳。君無過責之也。君行仁政。斯民親其上。死其長矣。君行仁恩。憂民窮困。則民化而親其上。死其長矣。章指言上恤其下。下赴其難。惡出於己。害及其身。如影響自然也。滕文公問曰。滕小國也。間於齊楚。事齊乎。事楚乎。文公言我居齊楚之間。非其所

梁惠王下

事。不能自保也。○〔閒〕文公去聲孟子對曰。是謀非吾所能及也。無已則有一焉。鑿斯池也。築斯城也。與民守之。效死而民弗去。則是可爲也。孟子以二大國之君。皆不由禮。我不能知誰可事者也。不得已。有一謀焉。惟施德義以養民。與之堅守城池。至死使民不畔去。則可爲矣。章指言事無禮之國。不若得民心。與之守死善道也。

滕文公問曰。齊人將築薛。吾甚恐。如之何則可。齊人并得薛。築其城以偪於滕。故文公恐也。孟子對曰。昔者大王居邠。狄人侵之。去之岐山之下居焉。非擇而取

之不得已也。大王非好岐山之下。擇而居之。迫不得已。困於彊暴。故避之。○（邠）音賓

苟爲善。後世子孫必有王者矣。誠能爲善。雖失其地。後世乃可有王者。若周家也。

君子創業垂統。爲可繼也。若夫成功則天也。君如彼何哉。彊爲善而已矣。君子造業垂統。貴令後世可繼續而行耳。又何能必有成功。成功乃天助之也。君豈如彼齊何乎。但當自彊爲善法以遺後世也。

章指言君子之道。正己任天。彊暴之來。非己所招。謂窮則獨善其身者也。○（強）文公上聲

滕文公問曰。滕小國也。竭力以事大國。則不得免焉。如之何則可。

（問免難全國於孟子）孟子對曰昔者大王居邠狄人侵之事之以皮幣不得免焉事之以犬馬不得免焉事之以珠玉不得免焉（皮狐貉之裘幣繒帛之貨也）乃屬其耆老而告之曰狄人之所欲者吾土地也吾聞之也君子不以其所以養人者害人二三子何患乎無君我將去之去邠踰梁山邑于岐山之下居焉（屬會也土地生五穀所以養人也會長老告之如此而去之○屬音燭）邠人曰仁人也不可失也從

梁惠王下

之者如歸市言樂隨大王。如歸趨於市。若將有得也或曰。世守也非身之所能爲也。效死勿去。君請擇於斯二者或曰。土地乃先人之所受也。世世守之。非己身所能專爲。至死不可去也。欲令文公擇此二者。惟所行也。章指言大王去邠。權也。效死而守業。義也。義權不竝。故曰擇而處之也魯平公將出。嬖人臧倉者請曰。他日君出。則必命有司所之。今乘輿已駕矣。有司未知所之。敢請平。謚也。嬖人。愛幸小人也公曰。將見孟子平公敬孟子有德。不敢請召。將往就見之曰。何哉。君所爲輕身以先於匹夫者以爲賢乎禮義由賢者出而孟子之後喪踰前喪君無見焉匹夫一夫也臧倉言君何爲輕千乘而先匹夫乎以爲孟子賢故也賢者當行禮義而孟子前喪父約後喪母奢君無見也公曰諾諾止不出樂正子入見曰君奚爲不見孟軻也樂正姓子通稱孟子弟子也爲魯臣問公何爲不便見孟軻○入見文公音現曰或告寡人曰孟子之後喪踰前喪是以不往見也公言以此故也曰何哉君所謂踰者前以士後以大夫前以三鼎而後以五鼎與樂正子曰君所

謂踰者前者以士禮後者以大夫禮士祭三鼎大夫祭五鼎故也曰否謂棺椁衣衾之美也公曰不謂鼎數也以其棺椁衣衾之美惡也曰非所謂踰也貧富不同也樂正子曰此非薄父厚母令母喪踰父也喪父時為士喪母時為大夫大夫祿重於士故使然貧富不同也樂正子見孟子曰克告於君君為來見也嬖人有臧倉者沮君君是以不果來也克樂正子名也果能也曰克告君以孟子之賢君將欲來臧倉者沮君故君不能來也○為文公去聲沮慈呂反曰行或使之止或尼之行止非人所能也吾之不

遇魯侯天也臧氏之子焉能使予不遇哉尼止也孟子之意以爲魯侯欲行天使之矣及其欲止天令嬖人止之耳行止天意非人所能爲也如使吾見魯侯冀得行道天欲使濟斯民也故曰吾之不遭遇魯侯乃天所爲也臧倉小人何能使我不遇哉章指言讒邪搆賢賢者歸天不尤人也○尼女乙反焉於虔反

孟子卷第二

相臺岳氏刻梓荆谿家塾

梁惠王下

孟子卷第三

公孫丑章句上

公孫丑問曰夫子當路於齊管仲晏子之功可復許乎夫子謂孟子許猶興也如使夫子得當仕路於齊而可以行道管夷吾晏嬰之功寧可復興乎○復扶又反下同孟子曰子誠齊人也知管仲晏子而已矣誠實也子實齊人也但知二子而已豈復知王者之佐乎或問乎曾西曰吾子與子路孰賢曾西蹵然曰吾先子之所畏也曾西曾子之孫蹵然猶蹵踖也先子

曾子也。子路在四友。故曾子畏敬之。曾西不敢比。蹵子六反踖子亦反曰。然則吾子與管仲孰賢。曾西艴然不悅。曰。爾何曾比予於管仲。艴然愠怒色也。何曾猶何乃也。艴音勃。又音拂。曾音憎。則也。乃也。管仲得君。如彼其專也。行乎國政。如彼其久也。功烈如彼其卑也。爾何曾比予於是。曾西荅或人言。管仲得遇桓公。使之專國政如彼。行政於國其久如彼。功烈卑陋如彼。謂不帥齊桓公行王道而行霸道。故言卑也。重言何曾比我。恥見比之甚也。帥音率曰。管仲曾西之所不為也。而子為我願之乎。孟子心狹曾西曾西尚不欲爲管仲而子爲我願之乎非丑之言小也○爲我于僞反曰管仲以其君霸晏子以其君顯管仲晏子猶不足爲與丑曰管仲輔桓公以霸道晏子相景公以顯名二子如此尚不可爲邪○與音餘下可意求曰以齊王由反手也孟子言以齊國之大而行王道其易若反手耳故譏管晏不勉其君以王業也○王于況反下可以義詳曰若是則弟子之惑滋甚且以文王之德百年而後崩猶未洽於天下武王周公繼之然後大行今言王若易然則文王不足法與丑曰如是言則

弟子惑益甚也。文王尚不能及身而王。何謂王易然也。若是則文王不足以爲法邪。○易以豉反

曰。文王何可當也。由湯至於武丁。賢聖之君六七作。天下歸殷久矣。久則難變也。武丁朝諸侯有天下。猶運之掌也。武丁。高宗也。孟子言文王之時難爲功。故言何可當也。從湯以下。賢聖之君六七興。謂大甲大戊盤庚等也。運之掌言易也。○朝音潮

紂之去武丁未久也。其故家遺俗流風善政。猶有存者。又有微子微仲王子比干箕子膠鬲。皆賢人也。相與輔相之。故久而

後失之也。尺地莫非其有也，一民莫非其臣也。然而文王猶方百里起，是以難也。紂得高宗餘化，又多良臣，故久乃亡也。微仲、膠鬲，皆良臣也。但不在三仁中耳。文王當此時，故難也。○鬲音隔，又音歷。輔相息亮反。齊人有言曰：雖有智慧，不如乘勢；雖有鎡基，不如待時。今時則易然也。齊人諺言也。乘勢，居富貴之勢。鎡基，田器耒耜之屬。待時，三農時也。今時易以行王化者也。○鎡或作茲。夏后殷周之盛，地未有過千里者也，而齊有其地矣。雞鳴狗吠相聞，而達乎四境，而齊有其民矣地不改辟矣民不改聚矣行仁政而王莫之能禦也三代之盛封畿千里耳今齊地土民人以足矣不更辟土聚民也雞鳴狗吠相聞言民室屋相望而衆多也以此行仁而王誰能止之也○辟音闢且王者之不作未有疏於此時者也民之憔悴於虐政未有甚於此時者也飢者易爲食渴者易爲飲孔子曰德之流行速於置郵而傳命言王政不興久矣民患虐政甚矣若飢者食易爲美渴者飲易爲甘德之流行疾於置郵傳書命也○郵音尤驛也當今之時萬乘之國行

仁政民之悅之猶解倒懸也故事半古之人功必倍之惟此時爲然倒懸喻困苦也當今所施恩惠之事半於古人而功倍之矣言今行之易也章指言德流之速過於置郵君子得時大行其道是以呂望覩文王而陳王圖管晏雖勤猶爲曾西所羞也

公孫丑問曰夫子加齊之卿相得行道焉雖由此霸王不異矣如此則動心否乎加猶居也丑問孟子如使夫子得居齊卿相之位行其道德雖用此臣位而輔君行之亦不異於古霸王之君矣如是寧動心畏難自恐不能行否邪丑以此爲大道不易人當畏懼之不敢欲行也○難乃旦反

孟子曰否

我四十不動心孟子言禮四十強而仕。我志氣已定。不妄動心有所畏也曰。若是則夫子過孟賁遠矣丑曰。若此。夫子志意堅勇過孟賁。賁勇士也。孟子曰是不難。告子先我不動心孟子言是不難也。告子之勇。未四十而不動心矣曰不動心有道乎丑問不動心之道云何曰有孟子欲爲言之北宫黝之養勇也。不膚橈。不目逃。思以一豪挫於人若撻之於市朝。不受於褐寛博。亦不受於萬乘之君。視刺萬乘之君。若刺褐夫無嚴諸侯惡聲至。

勇於德。○賁音奔

必反之北宮姓。黝名也。人刺其肌膚。不爲橈卻。刺其目。目不轉睛逃避之矣。人拔一毛。若見捶撻於市朝之中矣。褐寬博獨夫被褐者。嚴尊也。無有尊嚴諸侯可敬者也。以惡聲加己。己必惡聲報之。言所養育勇氣如是。○黝伊糾反。橈奴效反孟施舍之所養勇也。曰視不勝猶勝也。量敵而後進。慮勝而後會。是畏三軍者也。舍豈能爲必勝哉。能無懼而已矣孟姓。舍名也。施發音也。施舍自言其名則但曰舍。豈能爲必勝哉。要不恐懼而已也。以爲量敵少而進。慮勝者。足勝乃會。若此畏三軍之衆者耳。非勇者也。○舍文公去聲孟施舍似曾子。北宮黝似子夏夫二子之勇未知其孰賢然而孟施舍守約也孟子以爲曾子長於孝孝百行之本子夏知道雖衆不如曾子孝之大也故以舍譬曾子黝譬子夏以施舍要之以不懼爲約要也昔者曾子謂子襄曰子好勇乎吾嘗聞大勇於夫子矣自反而不縮雖褐寬博吾不惴焉自反而縮雖千萬人吾往矣孟施舍之守氣又不如曾子之守約也子襄曾子弟子也夫子謂孔子也縮義也惴懼也詩云惴惴其栗曾子謂子襄言孔子告我大勇之道人加惡於己己內自省有不義不直之心雖敵人被褐寬博一夫

不當輕驚懼之也。自省有義。雖敵家千萬人。我直往突之。言義之强也。施舍雖守勇氣。不如曾子守義之爲約也○好呼報反惴之睡反

曰。敢問夫子之不動心。與告子之不動心。可得聞與丑曰。不動心之勇。其意豈可得聞與

告子曰。不得於言。勿求於心。不得於心。勿求於氣。不得於心。勿求於氣。可。不得於言勿求於心。不可不得者。不得人之善心善言也。求者取也。告子爲人勇而無慮。不原其情。人有不善之言加於已。不復取其心有善也。直怒之矣。孟子以爲不可也。告子知人之有惡心。雖以善辭氣來加已。亦直怒之矣。孟子以爲是則可。言人當以心爲

正也告子非純賢其不動心之事一可用一不可用也夫志氣之帥也氣體之充也志心所念慮也氣所以充滿形體爲喜怒也志帥氣而行之度其可否也帥所類反夫志至焉氣次焉志爲至要之本氣爲其次故曰持其志無暴其氣暴亂也言志所嚮氣隨之當正持其志無亂其氣妄以喜怒加人也既曰志至焉氣次焉又曰持其志無暴其氣者何也丑問暴亂其氣云何曰志壹則動氣氣壹則動志也今夫蹶者趨者是氣也而反動其心孟子言壹者志氣閉而爲壹也志閉塞則氣不行氣閉塞則志不通

公孫丑上

蹶者相動。今夫行而蹶者。氣閉不能自持。故志氣顛倒。顛倒之間。無不動心而恐矣。則志氣之相動。（蹶）音厥。又居衞反**敢問夫子惡乎長**丑問孟子才志所長何等。（惡）音烏。下曰惡同**曰。我知言。我善養吾浩然之氣。**孟子云。我聞人言。能知其情所趨。我能自養育我之所有浩然之大氣也**敢問何謂浩然之氣**丑問浩然之氣狀如何**曰。難言也。其爲氣也。至大至剛。以直養而無害。則塞于天地之閒**言此至大至剛正直之氣也。然而貫洞纖微。洽於神明。故言之難也。養之以義。不以邪事干害之。則可使滋蔓塞滿天地之閒。布施德教。無窮極也**其爲氣也配**

義與道無是餒也重說是氣。言此氣與道義相配偶俱行。義謂仁義可以立德之本也。道謂陰陽大道。無形而生有形。舒之彌六合。卷之不盈握。包落天地。稟授羣生者也。言能養此道氣而行義理。常以充滿五藏。若其無此。則腹腸飢虛。若人之餒餓也。(餒)奴罪反**是集義所生者。非義襲而取之也**集。雜也。密聲取敵曰襲。言此浩然之氣。與義雜生。從內而出。人生受氣所自有者**行有不慊於心則餒矣**慊。快也。自省所行仁義不備。干害浩氣。則心腹飢餒矣。(慊)口簟反。文公又口劫反**我故曰告子未嘗知義。以其外之也**孟子曰。仁義皆出於內。而告子嘗以爲仁內義外。故言其未嘗知義也必有事焉而勿正心勿忘。勿助長也言人行仁義之事。必有福在其中。而勿正但以爲福。故爲仁義也。但心勿忘其爲福。而亦勿汲汲助長其福也。汲汲則似宋人也無若宋人然。宋人有○長張丈反下皆同閔其苗之不長而揠之者芒芒然歸。謂其人曰。今日病矣。予助苗長矣。其子趨而往視之。苗則槁矣揠。挺拔之。欲亟長也。病。罷也。芒芒。罷倦之貌。其人。家人也。其子。揠苗者之子也。趨。走也。槁。乾枯也。以喻人之情。邀福也。必有害。若欲急長苗而反使之枯死也○揠烏八反罷音皮天下之不助苗長者寡矣。以爲無益而舍之者不耘苗者也助之長者揠苗者也非徒無益而又害之天下人行善皆欲速得其福恬然者少也以爲福祿在天求之無益舍置仁義不求爲善是由農夫任天不復耘治其苗也其邀福欲急得之者由此揠苗之人也非徒無益於苗而反害之言告子外義常恐其行義欲急得其福故爲丑言人之行當內治善不當急欲求其福○舍音捨下舍是舍己同何謂知言丑問知言之意謂何曰詖辭知其所蔽淫辭知其所陷邪辭知其所離遁辭知其所窮孟子曰人有險詖之言引事以褒人若賓孟言雄雞自斷其尾之事能知其欲以譽子朝蔽子猛也

有淫美不信之辭，若驪姬勸晉獻公與申生政，能知其欲以陷害之也。有邪辟不正之辭，若豎牛勸仲任賜環之事，能知其欲行譖毀以離之於叔孫也。有隱遁之辭，若秦客之廋辭於朝，能知其欲以窮晉諸大夫也。若此四者之類，我聞能知其所趨者也。〇詖彼寄反驪呂支反廋音搜

生於其心，害於其政；發於其政，害於其事。聖人復起，必從吾言矣。

生於其心，譬若人君有好殘賊嚴酷心，必妨害仁政，不得行之也。發於其政者，若出令欲以非時田獵築作宮室，必妨害民之農事，使百姓有飢寒之患也。吾見其端，欲防而止之，如使聖人復興，必從我言也。〇復文公去聲

宰我、子貢善為說辭，冉牛、閔子、顏

淵善言德行孔子兼之曰我於辭命則不能也（言人各有能我於辭言命教則不能如二子說音稅又如字行下孟反）然則夫子既聖矣乎（丑見孟子但言不能辭命不言不能德行謂孟子欲自比孔子故曰夫子既已聖矣乎）曰惡是何言也昔者子貢問於孔子曰夫子聖矣乎孔子曰聖則吾不能我學不厭而教不倦也子貢曰學不厭智也教不倦仁也仁且智夫子既聖矣夫聖孔子不居是何言也（惡者不安事之歎辭也孟子荅丑言往者子貢孔子相荅

如此。孔子尚不敢安居於聖。我何敢自謂爲聖。故再言是何言也。夫音扶。屬下句昔者竊聞之子夏子游子張皆有聖人之一體。冉牛閔子顔淵則具體而微體者。四肢股肱也。孟子言昔日竊聞師言也。丑方問欲知孟子之德。故謙辭言竊聞也。一體者。得一肢也。具體者。四肢皆具。微小也。比聖人之體微小耳。體以喻德也敢問所安丑問孟子所安比也曰姑舍是姑。且也。孟子曰。且置是。我不願比也曰伯夷伊尹何如丑曰。伯夷之行何如。孟子心可願比伯夷不曰不同道言伯夷之行。不與孔子伊尹同道也非其君不事。非其民不使。治則進。

亂則退伯夷也非其君。非己所好之君也。非其民。不以正道而得民。伯夷不願使之。故謂非其民也何事非君何使非民治亦進亂亦進伊尹也伊尹曰。事非其君者。何傷也。使非其民者。何傷也。要欲爲天理物。冀得行道而已矣可以仕則仕可以止則止可以久則久可以速則速孔子也止。處也。久。留也。速。疾去也皆古聖人也吾未能有行焉乃所願則學孔子也此皆古之聖人。我未能有所行。若此乃言我心之所庶幾。則願欲學孔子所履。進退無常。量時爲宜也伯夷伊尹於孔子若是班乎班。齊等之貌也。

丑嫌伯夷伊尹與孔子相比。問此三人之德班然而等乎。曰：否。自有生民以來，未有孔子也。孟子曰：不等也。從有生民以來，非純聖人，則未有與孔子齊德也。曰：然則有同與？丑曰：然則此三人有同者邪？曰：有。得百里之地而君之，皆能以朝諸侯，有天下。行一不義，殺一不辜，而得天下，皆不為也。是則同。孟子曰：此二人君國，皆能使鄰國諸侯尊敬其德而朝之。不以其義得之，皆不為也。是則孔子同之矣。曰：敢問其所以異。丑問孔子與二人異謂何。曰：宰我、子貢、有若，智足以知聖人，汙不至阿其所好孟子曰。宰我等三人之智。足以識聖人。汙下也。言三人雖小汙不平。亦不至阿其所好。以非其事阿私所愛。而空譽之。其言有可用者。欲爲丑陳三子之道孔子也○汙音蛙不平貌宰我曰。以予觀於夫子。賢於堯舜遠矣予。宰我名也。以爲孔子賢於堯舜。以孔子但爲聖。不王天下。而能制作素王之道。故美之。如使當堯舜之處。賢之遠矣子貢曰。見其禮而知其政。聞其樂而知其德。由百世之後。等百世之王。莫之能違也。自生民以來。未有夫子也。見其制作之禮。知其政之可以致太平也。聽聞其雅頌之樂。而知其德之可與文武同也。春秋外傳曰。五聲昭德。言五音之樂聲。可以明德也。從孔子後百世。上推等其德於前百世之聖王。無能違離孔子道者。自從生民以來。未能備若孔子也

有若曰。豈惟民哉。麒麟之於走獸。鳳凰之於飛鳥。泰山之於丘垤。河海之於行潦。類也。聖人之於民。亦類也。出於其類。拔乎其萃。自生民以來。未有盛於孔子也

垤。蟻封也。行潦。道旁流潦也。萃。聚也。有若以爲萬類之中。各有殊異。至於人類卓絶。未有盛美。過於孔子者也。若三子之言孔子。則所以異於伯夷伊尹也。夫聖人之道。同符合契。前聖後聖。其揆一也。不得相踰。云生民以來無有者。此三人皆

孔子弟子。緣孔子聖德高美。而盛稱之也。孟子知其言大過。故貶謂之汙下。但不以無爲有耳。因事則褒辭在其中矣。亦以明師徒之義。得相褒揚也。章指言義以行勇。則不動心養氣順道。無效宋人。聖人量時。賢者道偏。是以孟子究言情理。而歸之學孔子也。○〔垤〕大結反〔潦〕音老

孟子曰。以力假仁者霸。霸必有大國。以德行仁者王。王不待大。湯以七十里。文王以百里。言霸者以大國之力。假仁義之道。然後能霸。若齊桓晉文等是也。以己之德。行仁政於民。小國則可以致王。若湯文王是也。以力服人者。非心服也。力不贍也。以德服人者。中心悅而誠服

也。如七十子之服孔子也贍足也。以己力不足而往服就於人。非心服也。以己德不如彼而往服從之。誠心服者也。如顏淵子貢等之服於仲尼。心服者也。詩云。自西自東。自南自北。無思不服。此之謂也詩大雅。文王有聲之篇。言從四方來者。無思不服武王之德。此亦心服之謂也。

章指言王者任德。霸者兼力。力服心服。優劣不同。故曰。遠人不服。脩文德以懷之。

孟子曰。仁則榮。不仁則辱。今惡辱而居不仁。是猶惡濕而居下也行仁政。則國昌而民安。得其榮樂。行不仁。則國破民殘。蒙其恥辱。惡辱而不行仁。譬若惡濕而居埤下近水泉之地也。○惡烏路反。章內非惡同埤音卑如惡之莫如貴德而尊士賢者在位能者在職諸侯如惡辱之來則當貴德以治身尊士以敬人使賢者居位官得其人能者居職人任其事也國家閒暇及是時明其政刑雖大國必畏之矣及無鄰國之虞以是閒暇之時明脩其政教審其刑罰雖天下大國必來畏服閒音閑詩云迨天之未陰雨徹彼桑土綢繆牖戶今此下民或敢侮予孔子曰爲此詩者其知道乎能治其國家誰敢侮之詩邠國鴟鴞之篇迨及徹取也桑土桑根也言此鴟鴞小鳥尚知及天未陰雨而取桑根之皮

以纏綿牖戶。人君能治其國家。誰敢侮之。刺
邠君曾不如此鳥。孔子善之。故謂此詩知道
。徹直列反　土音杜　綢繆音稠。
武彪反　鴟處脂反　鴞于嬌反
今國家閒暇。及是時般樂怠敖。是自求禍也。禍福無不自己求之者
般。大也。孟子傷今時之君。國家
適有閒暇。且以大作樂怠惰敖
遊。不脩政刑。是以見侵而不能距。皆自求禍
者也。般音盤　樂音洛。下至樂取同　敖五勞
反。又五
到反
詩云。永言配命。自求多福
詩大雅文
王之篇。永
長。言。我也。長我周家之命。配當
善道。皆內自求責。故有多福也
太甲曰。天作孽。猶可違。自作孽。不可活。此之謂也
殷王太
甲言天

之妖孽。尚可違避。譬若高宗雊雉。宋景守心之變。皆可以德消去也。自己作孽者。若帝乙慢神震死。是爲不可活也。章指言國必脩政。君必行仁。禍福由己。不專在天。言當防患於未亂也。○孽魚列反活如字。書作逭。音換

孟子曰。尊賢使能。俊傑在位。則天下之士皆悅。而願立於其朝矣。俊美才出衆者也。萬人者稱傑市廛而不征。法而不廛。則天下之商皆悅。而願藏於其市矣。廛。市宅也。古者無征。衰世征之。王制曰。市廛而不稅。周禮載師曰。國宅無征。法而不廛者。當以什一之法征其地耳。不當征其廛宅也。○廛直連反關譏而不征。則天下之旅皆悅。

而願出於其路矣言古之設關但譏禁異言識異服耳不征稅出入者也以王制曰古者關譏而不征周禮大宰曰九賦七曰關市之賦司關曰國凶札則無關門之征猶譏王制謂文王以前也文王治岐關譏而不征禮有征者謂周公以來孟子欲令復古去征使天下行旅悅之也耕者助而不稅則天下之農皆悅而願耕於其野矣助者井田什一助佐公家治公田不橫稅賦若履畝之類廛無夫里之布則天下之民皆悅而願為之氓矣里居也布錢也夫一夫也周禮載師曰宅不毛者有里布田不耕者有屋粟凡民無職事者出夫家之征孟子欲使寬獨夫去里布則人皆樂為之

民矣氓民也
○氓或作甿
信能行此五者則鄰國之民仰之若父母矣率其子弟攻其父母自有生民以來未有能濟者也
今諸侯誠能行此五事四鄰之民仰望而愛之如父母矣鄰國之君欲將其民來伐之譬若率勉人子弟使自攻其父母生民以來何能以此濟成其所欲者也
如此則無敵於天下無敵於天下者天吏也然而不王者未之有也
言諸侯所行能如此者何敵之有是爲天吏天吏者天使也爲政當爲天所使誅伐無道故謂之天吏也

章指言脩古之道鄰國之民以爲父母行今之政自己之民不得而子是故衆夫擾擾非

所常有命曰天吏。明天所使也

孟子曰：人皆有不忍人之心。言人人皆有不忍加惡於人之心也

先王有不忍人之心，斯有不忍人之政矣。以不忍人之心行不忍人之政，治天下可運之掌上。先聖王推不忍害人之心，以行不忍傷民之政，以是治天下，易於轉丸於掌上也

所以謂人皆有不忍人之心者，今人乍見孺子將入於井，皆有怵惕惻隱之心，非所以内交於孺子之父母也，非所以要譽於鄉黨朋友也，非惡其聲而然也。

乍，暫也。孺子，未有知小子也。所以言人皆有是心。凡人暫見小小孺子將入井，賢愚皆有驚駭之情發於中，非爲其人也，非惡有不仁之聲名，故怵惕也。○（怵）音黜。（内）音納。**由是觀之，無惻隱之心，非人也；無羞惡之心，非人也；無辭讓之心，非人也；無是非之心，非人也。**言無此四者，當若禽獸，非人心耳。爲人則有之矣。凡人但不能演用爲行耳。○（惡）烏故反，又如字。（行）下孟反。**惻隱之心，仁之端也；羞惡之心，義之端也；辭讓之心，禮之端也；是非之心，智之端也。**端者，首也。人皆有仁義禮智之首，可引用之。**人之有是四**

端也猶其有四體也有是四端而自謂不能者自賊者也自謂不能爲善自賊害其性使不爲善也謂其君不能者賊其君者也謂君不能爲善而不匡正者賊其君使陷惡也凡有四端於我者知皆擴而充之矣若火之始然泉之始達苟能充之足以保四海苟不充之不足以事父母擴廓也凡有端在於我者知皆廓而充大之若水火之始微小廣大之則無所不至以喻人之四端也人誠能充大之可保安四海之民誠不充大之內不足以事父母言無仁義禮智何以事父母也章皆言人之行當內求諸已以

演大四端。充廣其道。上以匡君。下以榮身也。○擴音廓。或音霍

孟子曰。矢人豈不仁於函人哉。矢人惟恐不傷人。函人惟恐傷人。巫匠亦然。故術不可不慎也。矢。箭也。函。鎧也。周禮曰。函人爲甲。作箭之人。其性非獨不仁於作鎧之人也。術使之然。巫欲祝活人。匠梓匠作棺欲其蚤售。利在於人死也。故治術當慎。脩其善者也。○函音含。鎧苦愛反。祝音呪

孔子曰。里仁爲美。擇不處仁。焉得智。里。居也。仁最其者也。夫簡擇處仁爲不智

夫仁。天之尊爵也。人之安宅也。莫之禦而不仁。是不智也。爲仁則可以長天下。故曰天所

以□人尊爵也。居之則安。無止之者。而不能知入是仁道者。何得爲智乎不仁智。無禮無義。人役也若此爲人所役者也人役而恥爲役。由弓人而恥爲弓。矢人而恥爲矢也治其事而恥其業者。惑也如恥之。莫如爲仁如其恥爲人役而爲仁。仁則不爲役也仁者如射。射者正己而後發。發而不□□□不怨勝己者。反求諸己而已矣以射喻人□仁。不得其□當反責己仁恩之未至。章指言各治其術。□有善惡。禍福之來。隨行而作。恥爲人役。不若居仁。治術之忌。勿爲矢人也。㊥張仲反孟子曰。子路人告之以有過則喜。禹聞善言則拜子路樂聞其過。過而能改也。尚書曰。禹拜讜言○讜音黨大舜有大焉。善與人同。舍己從人樂取於人以爲善大舜。虞也。孔子稱曰巍巍[illegible]故言大舜有大焉。能舍己[illegible]從人。故爲大也。於子路與禹同者也自耕稼陶漁以至爲帝。無非取於人者。取諸人以爲善。是與人爲善者也。故君子莫大乎與人爲善舜從耕於歷山。及其陶漁。皆取之善謀而從之。故曰莫大乎與人爲善。章大聖之君。由釆善於人。故曰。計及下者[illegible]遺策。舉及衆[illegible]廢功也孟子曰。伯夷非其君不事。非

□友不立於惡人之朝，不與惡人言。立□惡人之朝，與惡人言，如以朝衣朝冠坐於塗炭。推惡惡之心，思與鄉人立，其冠不正，望望然去之，若將浼焉。伯夷，孤竹君之長子，讓國而隱居者也。塗，泥。炭，墨也。浼，汙也。思，念也。與鄉人立，見其冠不正，望望去之，慙愧之貌也。去之，恐其汙己也。○推惡，烏路反。浼，莫罪反，又亡但反。汙，烏故反。是故諸侯雖有善其□辭命而至者，不受也。不受也者，是亦不屑□已。屑，絜也。詩云：不我屑已。伯夷不絜諸侯之行，故不忍就見也。殷之末世，諸侯多不義。

故不就之後乃歸西伯也柳下惠不羞汙君不卑小官進不隱賢必以其道遺佚而不怨阨窮而不憫故曰爾為爾我為我雖袒裼裸裎於我側爾焉能浼我哉柳下惠魯公族大夫也姓展名禽字季柳下是其號也進不隱己之賢才必欲行其道也憫懣也云善己而已惡人何能汙我也○佚與逸同阨音厄袒音但裼音錫裸郎果反裎音程焉於虔反故由由然與之偕而不失焉援而止之而止援而止之而止者是屑去已由由浩然之貌不憚與惡人同朝竝立偕俱也與之儷行於朝

何傷。但不失己之正心而已耳。援而止之。謂絀不懟去也。是柳下惠不以去爲絜也

孟子曰。伯夷隘。柳下惠不恭。隘與不恭。君子不由也

伯夷隘。懼人之汙來及己。故無所含容。言其大隘狹也。柳下惠輕忽時人。禽獸畜之。無欲彈正之心。言其大不恭敬也。聖人之道。不取於此。故曰君子不由也。先言二人之行。孟子乃評之。章指言伯夷。柳下惠。古之大賢。猶有所闕。介者必偏。中和爲貴。純聖能然。君子所由。堯舜是尊。○隘烏懈反

孟子卷第三

相臺岳氏刻梓荆谿家塾

公孫丑上

太上皇帝之寶

孟子卷第四

公孫丑章句下

孟子曰。天時不如地利。地利不如人和。三里之城。七里之郭。環而攻之而不勝。夫環而攻之。必有得天時者矣。然而不勝者。是天時不如地利也天時。謂時日支干。五行王相孤虛之屬也。地利。險阻城池之固也。人和。得民心之所和樂也。環城圍之。必有得天時之善處者。然而城有不下。是不如地利。王相竝去聲城非不高也。池非不深也。兵革非不堅利也米粟非不多也委而去之是地利不如人和也有堅强如此。而彼之走者。不得民心。民不爲守。衛懿公之民曰。君其使鶴戰。若是之類也故曰域民不以封疆之界固國不以山谿之險威天下不以兵革之利域民。居民也。不以封疆之界禁之。使民懷德也。不依險阻之固。恃仁惠也。不馮兵革之威。仗道德也得道者多助失道者寡助寡助之至親戚畔之多助之至天下順之以天下之所順攻親戚之所畔故君子有不戰戰必勝矣得道之君。何嚮不平。

君子之道貴不戰耳如其當戰戰則勝矣章指言民和爲貴貴於天地故曰得乎丘民爲天子也

孟子將朝王王使人來曰寡人如就見者也有寒疾不可以風朝將視朝不識可使寡人得見乎孟子雖仕於齊處師賓之位以道見敬或稱以病未嘗趨朝而拜也王欲見之先朝使人往謂孟子云寡人如就見者若言就孟子之館相見也有惡寒之病不可見風儻可來朝欲力疾臨視朝因得見孟子也不知可使寡人得相見否○朝將如字

對曰不幸而有疾不能造朝孟子不悅王之欲使朝故稱有疾○造七到反下同

明日出弔於東郭氏公孫丑

曰昔者辭以病今日弔或者不可乎東郭氏齊大夫家也昔者昨日也丑以爲不可曰昔者疾今日愈如之何不弔孟子言我昨日病今日愈我何爲不可以弔王使人問疾醫來王以孟子實病遣人將醫來且問疾也孟仲子對曰昔者有王命有采薪之憂不能造朝今病小愈趨造於朝我不識能至否乎孟仲子孟子之從昆弟學於孟子者也權辭以對如此憂病也曲云有負薪之憂使數人要於路曰請必無歸而造於朝仲子使數人要告孟子君命宜敬當必造朝也○數色主反 要

公孫丑下

遇不得已而之景丑氏宿焉孟子迫於仲子之言。不得已。而不欲至朝。因之其所知齊大夫景丑之家而宿焉。且以語景子景子曰。內則父子。外則君臣。人之大倫也。父子主恩。君臣主敬。丑見王之敬子也。未見所以敬王也景丑責孟子。不敬何義也。曰。惡。是何言也。齊人無以仁義與王言者。豈以仁義爲不美也。其心曰。是何足與言仁義也云爾。則不敬莫大乎是曰惡者。深嗟歎云。景子之責我何言乎。今人言謂王無知。不足與言仁義云爾。絕語之辭也。人之不

公孫丑下

敬。無大於是者也。○惡音烏。下皆同我非堯舜之道不敢以陳於王前故齊人莫如我敬王也孟子言我每見王常陳堯舜之道。以勸勉王。齊人豈有如我敬王者邪景子曰否非此之謂也禮曰父召無諾君命召不俟駕固將朝也。聞王命而遂不果宜與夫禮若不相似然景子曰。非謂不陳堯舜之道。謂爲臣固自當朝也。今有王命而不果行。果能也。禮。父召無諾。無而不至也。君命召。輦車就牧。不坐待駕。而夫子若是。事宜與夫禮若不相似然乎。愚竊惑焉。○與音餘。亦如字。文公如字。下皆可意求曰豈謂是與曾子曰。

晉楚之富不可及也彼以其富我以吾仁彼以其爵我以吾義吾何慊乎哉夫豈不義而曾子言之是或一道也孟子荅景丑云我豈謂是君臣召呼之閒乎謂王不禮賢下士故道曾子之言自以不慊晉楚之君慊少也曾子豈嘗言不義之事邪是或者自得道之一義欲以喻王猶晉楚我猶曾子我豈輕於王乎。慊口簟反

天下有達尊三爵一齒一德一朝廷莫如爵鄉黨莫如齒輔世長民莫如德惡得有其一以慢其二哉三者天下之所通尊也孟子謂賢者長者有德有齒人君無德但有

爵耳。故云何得以一慢二乎。長張丈反故將大有爲之君。必有所不召之臣。欲有謀焉。則就之。其尊德樂道不如是。不足與有爲也。言古之大聖大賢。有所興爲之君。必就大賢臣而謀事。不敢召也。王者師臣。霸者友臣也。故湯之於伊尹。學焉而後臣之。故不勞而王。桓公之於管仲。學焉而後臣之。故不勞而霸。言師臣者王。桓公能師臣。而管仲不勉之於王。故孟子於上章陳其義。譏其功烈之卑也。今天下地醜德齊。莫能相尚。無他。好臣其所教。而不好臣其所受醜類也。言今天下人君。土地相類。德教齊等。不能相絶者。無他。但好臣其所教勑役使之才可驕者耳。不能好臣賢可從受教者。○(好)去聲湯之於伊尹桓公之於管仲則不敢召管仲且猶不可召而況不爲管仲者乎孟子自謂不爲管仲。故非齊王之召己。己是以不往也。章指言人君以尊德樂義爲賢。君子以守道不回爲志陳臻問曰前日於齊王餽兼金一百而不受於宋餽七十鎰而受於薛餽五十鎰而受前日之不受是則今日之受非也今日之受是則前日之不受

公孫丑下

非也夫子必居一於此矣陳臻孟子弟子兼金好金也其價兼倍於常者故謂之兼金一百百鎰也古者以一鎰爲一金鎰二十兩○餽音饋孟子曰皆是也當在宋也予將有遠行行者必以贐辭曰餽贐予何爲不受贐送行者贈賄之禮也時人謂之贐○贐因刃反

當在薛也予有戒心辭曰聞戒故爲兵餽之予何爲不受戒有戒備不虞之心也時有惡人欲害孟子孟戒備薛君曰聞有戒此金可鬻以作兵備

兵餽之我何爲不受也○爲兵于僞反下以爲之爲王爲其所以爲爲我爲孟不爲子爲皆同

若於齊則未有處

也。無處而餽之，是貨之也。焉有君子而可以貨取乎。我在齊時無事，於義未有所處也。義無所處而餽之，是以貨財取我，欲使我懷惠也。安有君子而以貨財見取乎。章指言取與之道，必得其禮，於其可也，雖少不辭，義之無處，兼金不顧。○處昌呂反。下同。焉於虔反。

孟子之平陸，謂其大夫曰：子之持戟之士，一日而三失伍，則去之否乎。平陸，齊下邑也。大夫，治邑大夫也。持戟，戰士也。一日三失其行伍，則去之否乎。去之，殺之也。戎昭果毅。○去起呂反。曰：不待三。大夫曰：一失之則行罰，不及待三。失伍也。然則子之失伍也亦多矣。凶年饑歲子之民老羸轉於溝壑壯者散而之四方者幾千人矣（轉。轉尸於溝壑也。此則子之失伍也。○幾蟣祈二音）曰此非距心之所得爲也（距心。大夫名。曰。此乃齊王之大政。不肯賑窮。非我所得專爲也）曰今有受人之牛羊而爲之牧之者則必爲之求牧與芻矣求牧與芻而不得則反諸其人乎抑亦立而視其死與（牧。牧地。以此喻距心不得專。何不致爲臣而去何爲立視民之死也）曰此則距心之罪也（距心自知以不去位爲罪也）他日見於王曰王之爲都者臣知五人焉。知其罪者。惟孔距心。爲王誦之。王曰。此則寡人之罪也。孔。姓也。爲都。治都也。邑有先君之宗廟曰都。誦言也。爲王言所與孔距心語者也。王知本之在己。故受其罪。章指言人臣以道事君。否則奉身以退。詩云。彼君子兮。不素餐兮。言不尸其祿也。○見。文公音現。

孟子謂蚳鼃曰。子之辭靈丘而請士師。似也。爲其可以言也。今既數月矣。未可以言與。蚳鼃。齊大夫。靈丘。齊下邑。士師。治獄官也。周禮士師曰。以五戒先後刑罰。毋使罪麗於民。孟子見蚳鼃辭外邑大夫。請爲士師。知其欲近王以諫正刑罰之不中者。數月而不言。故曰未可以言與。以感責之也○蚳音遲鼃烏花反先後竝去聲蚳鼃諫於王而不用致爲臣而去三諫不用致仕而去齊人曰所以爲蚳鼃則善矣所以自爲則吾不知也齊人論者譏孟子爲蚳鼃謀使之諫而去則善矣不知自諫又不去故曰我不見其自爲謀者公都子以告公都子孟子弟子以齊人語告孟子也曰吾聞之也有官守者不得其職則去有言責者不得其言則去我無官守我無言責也則吾進退豈不綽綽然有餘裕哉官守居官守職者言責獻言之責諫爭之官也孟子言人臣居官不

得守其職。諫正君不見納者。皆當致位而去。今我居師賓之位。進退自由。豈不綽綽然舒緩有餘裕乎。綽。裕。皆寬也。章指言執職者劣。藉道者優。是以臧武仲雨行而不息。段干木偃寢而式閭。

孟子爲卿於齊。出弔於滕。王使蓋大夫王驩爲輔行。王驩朝暮見。反齊滕之路。未嘗與之言行事也。

孟子嘗爲齊卿。出弔滕君。蓋。齊下邑也。王以治蓋之大夫王驩爲輔行。輔。副使也。王驩。齊之諂人。有寵於王。後爲右師。孟子不悅其爲人。雖與同使而行。未嘗與之言行事。不願與之相比也。○蓋古盍反。見文公音現。氏眺志反。亦如字。

公孫丑曰。齊卿之位。不爲小矣。齊滕之路。

不爲近矣。反之而未嘗與言行事。何也。丑怪孟子不與驩議行事也。曰。夫既或治之。子何言哉。既。已也。或。有也。孟子曰。夫人既自謂有治行事。我將復何言哉。言其專知自善。不知諮於人也。章指言道不合者。不相與言。王驩之操。與孟子殊。君子處時。危行言遜。故不尤之。但不與言。至於公行之喪。以禮爲解也。○(夫)音扶

孟子自齊葬於魯。反於齊。止於嬴。充虞請曰。前日不知虞之不肖。使虞敦匠事。嚴。虞不敢請。今願竊有請也。木若以美然。孟子事於齊。喪母。歸葬於魯。嬴。齊南邑。充虞。孟子弟子。敦匠。厚作棺也。事嚴。喪事急。

木若以泰美然也曰古者棺椁無度中古棺七寸椁稱之自天子達於庶人非直爲觀美也然後盡於人心孟子言古者棺椁薄厚無尺寸之度中古謂周公制禮以來棺厚七寸椁薄於棺厚薄相稱相得也從天子至於庶人厚薄皆然但重累之數牆翣之飾有異非直爲人觀視之美好也厚者難腐朽然後能盡於人心所不忍也謂一世之後孝子更去辟世是爲人盡心也過是以往變化自其理也○稱尺證反翣山洽反不得不可以爲悅無財不可以爲悅得之爲有財古之人皆用之吾何爲獨不然悅者孝子之欲厚送親得之則

悅也。王制所禁。不得用之。不可以悅心也。無財以供。則度而用之。禮喪事不外求。不可稱貸而爲悅也。禮得用之。財足備之。古人皆用之。我何爲獨不然。然如是也。**且比化者。無使土親膚。於人心獨無恔乎**恔。快也。棺槨敦厚。比親體之變化。且無令土親肌膚。於人子之心獨不快然無所恨也。○(比)音庇。及也。(恔)音效又音皎。撩也。**吾聞之君子不以天下儉其親**我聞君子之道。不以天下人所得用之物。儉約於其親。言事親竭其力者也。章指言孝必盡心。匪禮之踰。論語曰。生事之以禮。死葬之以禮。可謂孝矣。

沈同以其私問曰。燕可伐與。孟子曰。可。子噲不得與人燕。子之

不得受燕於子噲沈同齊大臣自以其私情問非王命也故曰私子噲燕王也子之燕相也孟子曰可者以子噲不以天子之命而擅以國與子之子之亦不受天子之命而私受國於子噲故曰其罪可伐○噲苦壞反燕易王子有仕於此而子悅之不告於王而私與之吾子之祿爵夫士也亦無王命而私受之於子則可乎何以異於是子謂沈同也孟子設此以譬燕王之罪齊人伐燕沈同以孟子言可因歸勸其王伐燕或問曰勸齊伐燕有諸有人問孟子勸齊王伐燕有之曰未也沈同問燕可伐與吾應之

公孫丑下

曰可彼然而伐之也孟子曰我未勸王也同問可伐乎吾曰可彼然而伐之彼如曰孰可以伐之則將應之曰為天吏則可以伐之彼如將問我曰誰可以伐之我將曰為天吏則可以伐之天吏天所使謂王者得天意者也彼不復問孰可便自往伐之今有殺人者或問之曰人可殺與則將應之曰可彼如曰孰可以殺之則將應之曰為士師則可以殺之今以燕伐燕何為勸之哉今有殺人者問此人可殺否將應之曰可為士官主獄則可以殺之矣言燕雖有罪猶當王者誅之耳譬如殺人者雖當

死士師乃得殺之耳今齊國之政猶燕政也不能相踰又非天吏也我何爲當勸齊伐燕乎章指言誅不義者必須聖賢禮樂征伐自天子出王道之正也

燕人畔王曰吾甚慙於孟子燕人畔不肯歸齊齊王聞孟子與沈同言爲未勸王今竟不能有燕故慙之

陳賈曰王無患焉王自以爲與周公孰仁且智陳賈齊大夫也問王曰自視何如周公仁智乎欲爲王解孟子意故曰王無患焉

王曰惡是何言也王歎曰是何言言周公何可及也

曰周公使管叔監殷管叔以殷畔知而使之是不仁也不知而使之是不智也仁智

周公未之盡也而況於王乎賈請見而解之賈欲以此說孟子也○監古咸反見孟子問曰周公何人也賈問之也曰古聖人也孟子曰周公古之聖人也曰使管叔監殷管叔以殷畔也有諸賈問有之否乎曰然孟子曰如是也曰周公知其將畔而使之與賈問之也曰不知也孟子曰周公不知其將畔然則聖人且有過與過謬也賈曰聖人且猶有謬誤曰周公弟也管叔兄也周公之過不亦宜乎孟子以爲周公雖知管叔不賢亦不必知其將畔周公惟管叔弟也故愛之管

叔念周公兄也。故望之。親親之恩也。周公於此過謬。不亦宜乎。且古之君子，過則改之；今之君子，過則順之。古之君子，其過也如日月之食，民皆見之；及其更也，民皆仰之。今之君子，豈徒順之，又從爲之辭。古之所謂君子，眞聖人賢人君子也。周公雖有此過，乃誅三監，作大誥，明勑庶國，是周公改之也。今之所謂君子，非眞君子也。順過飾非，就爲之辭。孟子言此，以譏賈不能匡君而欲以辭解之。章指言聖人親親，不文其過；小人順非，以諂其上也。○（更）古衡反

孟子致爲臣而歸。辭齊卿而歸其室也。王就見孟子曰：前日願見

而不可得（謂未來仕齊也。遙聞孟子之賢。而不能得見之）得侍同朝。甚喜（來就爲卿。君臣同朝得相見。故喜也）今又棄寡人而歸（今致爲臣。棄寡人而歸也）不識可以繼此而得見乎（不知可以續今日之後。遂使寡人得相見否）對曰不敢請耳固所願也（孟子對曰。言不敢自請耳。固心之所願也。孟子意欲使王繼今當自來謀也）他日王謂時子曰我欲中國而授孟子室養弟子以萬鍾使諸大夫國人皆有所矜式子盍爲我言之（時子。齊臣也。王欲於國中央。爲孟子築室。使養教一國君臣之子弟。與之萬鍾）

之禄。中國者。使學者遠近鈞也。矜。敬也。式。法也。欲使諸大夫國人。皆敬法其道。盍。何不也。謂時子何不爲我言之

時子因陳子而以告於孟子。知肯就之否

孟子

陳子。孟子弟子陳臻

陳子以時子之言告孟子。孟子曰。然。夫時子惡知其不可也。如使予欲富。辭十萬而受萬。是爲欲富乎

孟子曰。如是。夫時子安能知其不可乎。時子以我爲欲富。故以禄誘我。我往者享十萬鍾之禄。以大道不行。故去耳。今更當受萬鍾。是爲欲富乎。距時子之言也

季孫曰。異哉。子叔疑

二子。孟子弟子也。季孫知孟子意不欲。而心欲使孟子就之。故曰異哉。弟子之所聞也。子叔心

疑。亦以為可就也。○子叔疑。文公集註作人名使己為政不用則亦已矣又使其子弟為卿人亦孰不欲富貴而獨於富貴之中有私龍斷焉孟子解二子之異意疑心曰。齊王使我為政。不用則亦自止矣。今又欲以其子弟故。使我為卿。而與我萬鍾之祿。人亦誰不欲富貴乎。是猶獨於富貴之中。有此私登龍斷之類也。我則恥之。○龍音壟古之為市也以其所有易其所無者有司者治之耳有賤丈夫焉必求龍斷而登之以左右望而罔市利人皆以為賤故從而征之征商自

公孫丑下

此賤丈夫始矣古者市置有司但治其爭訟。不征稅也。賤丈夫貪人可賤者也。入市則求龍斷而登之。龍斷。謂堁斷而高者也左右占望。見市中有利罔羅而取之。人皆賤其貪也。故就征取其利。後世緣此遂征商人。孟子言我苟貪萬鍾。不恥屈道。亦與此賤丈夫何異也。古者。謂周公以前周禮有關市之賦也。章指言君子正身行道。道之不行。命也。不為利回。創業可繼。是以君子以龍斷之人為惡戒也

孟子去齊宿於晝。有欲為王留行者晝。齊西南近邑也。孟子去齊欲歸鄒。至晝而宿也。齊人之知孟子者。追送見之。欲為王留孟子之行。○(晝)文公如字。或曰當作畫。音獲

坐而言。不應。隱几而臥客危坐。而言。留孟子之言也。孟子不

應荅。因隱倚其几而臥也。○(隱)於靳反客不悅曰弟子齊宿而後敢言夫子臥而不聽請勿復敢見矣齊。敬宿。素也。弟子素持敬心來言。夫子慢我不受我言。言而遂起退欲去。請絕也。○(齊)音齋(復)文公去聲曰坐我明語子孟子止客曰。且坐。我明告語子。○(語)魚據反昔者魯繆公無人乎子思之側則不能安子思。泄柳申詳無人乎繆公之側則不能安其身往者魯繆公尊禮子思。子思以道不行則欲去。繆公常使賢人往留之。說以方且聽子爲政。然則子思復留。泄柳申詳亦賢者也。繆公尊之不如子思。二子常有賢者在繆公之側。

勸以復之其身乃安也。繆音穆

子爲長者慮而不及子思子絶長者乎長者絶子乎

長者老者也孟子年老故自稱長者。言子爲我慮不如子思時賢人也不勸王使我得行道而但勸我留留者何爲哉此爲子絶我乎又我絶子乎何爲而愠恨也章指言惟賢能安賢智能知微以愚喻智道之所以乖也。長展兩反

孟子去齊尹士語人曰不識王之不可以爲湯武則是不明也識其不可然且至則是干澤也千里而見王不遇故去三宿而後出晝是何濡滯也士則茲不悅

尹士齊人也干

求也。澤祿也。尹士與論者言之云。孟子不知則爲求祿。濡滯猶稽也。旣去。近留於晝三日。怪其猶久。故云士於此事不悅也。

高子以告高子亦齊人。孟子弟子也。以尹士之言告孟子也。

曰。夫尹士惡知予哉。千里而見王。是予所欲也。不遇故去。豈予所欲哉。予不得已也。孟子曰。夫尹士安能知我哉。我不得已而去耳。何汲汲而驅馳乎。

予三宿而出晝。於予心猶以爲速。王庶幾改之。王如改諸。則必反予。我自謂行速疾矣。冀王庶幾能反覆招還我矣。

夫出晝而王不予追也。予然後浩然有歸志。浩然心浩浩有遠志子雖然。豈舍王哉。王由足用爲善。王如用予。則豈徒齊民安。天下之民舉安。王庶幾改之。予日望之。孟子以齊大國。知其可以行善政。故戀戀望王之改而反之。是以安行也。豈徒齊民安。言君子達則兼善天下也。舍音捨。下舍我同子豈若是小丈夫然哉。諫於其君而不受則怒。悻悻然見於其面。去則窮日之力而後宿哉。我豈若猶急小丈夫。恚怒其君而去。極日力而宿。懼其不遠者哉。論語曰。悻悻然小人哉。言已志大。在於濟一世之民。不爲小節也。悻形頂反。很也。直也。見音現尹士聞

之。曰。士誠小人也尹士聞義則服。章指言大德洋洋。介士察察。賢者志其大者。不賢者志其小者。此之謂也

孟子去齊。充虞路問曰。夫子若有不豫色然。前日虞聞諸夫子曰。君子不怨天。不尤人路。道也。於路中問也。充虞謂孟子去齊有恨心。顏色不悅也

曰。彼一時。此一時也。五百年必有王者興。其閒必有名世者。由周而來。七百有餘歲矣。以其數則過矣。以其時考之則可矣彼前聖賢之出。是有時也。今此時亦是其一時也。五百年有王者興。有興王道者也。名世。次聖之才。物來

能名正一世者。生於聖人之閒也。七百有餘歲。謂周家王迹始興。大王文王以來考驗其時。則可有也　夫天未欲平治天下也。如欲平治天下。當今之世。舍我其誰也。吾何為不豫哉　孟子自謂能當名世之士。時又值之。而不得施。此乃天自未欲平治天下耳。非我之愆。我固不怨天。何為不悅豫乎。章指言聖賢興作。與天消息。天非人不因。人非天不成。是故知命者不憂不懼也

孟子去齊居休。公孫丑問曰。仕而不受祿古之道乎　休。地名。丑問古人之道。仕不受祿邪。怪孟子於齊不受祿也　曰非也。於崇吾得見王。退而有去志。不欲

變故不受也崇齊地。孟子言不受禄。非古之道也。於崇吾始得見齊王。知其不能納善。退出。志欲去矣。不欲即去。若爲變詭。見非泰甚。故且宿留。心欲去。故不復受禄。㊄宿音秀㊄留音霤繼而有師命。不可以請。久於齊。非我志也。言我本志欲速去。繼見之後。有師旅之命。不得請去。故使我久而不受禄耳。久非我本志也。章指言禄以食功。志以率事。無事而食其禄。君子不由也。㊄食功。音嗣

孟子卷第四

相臺岳氏刻梓荆谿家塾

公孫丑下

孟子卷第五

滕文公章句上

滕文公爲世子將之楚過宋而見孟子孟子道性善言必稱堯舜文公爲世子使於楚而過宋孟子時在宋與相見也滕侯周文王之後也古紀世本錄諸侯之世滕國有考公麋與文公之父定公相直其子元公弘與文公相直似後世避諱改考公爲定公以元公行文德故謂之文公也孟子與世子言人生皆有善性但當充而用之耳又言堯舜之治天下不失仁義之道欲勸勉世子也○麋居筠反相直音值

世子自楚反復見孟子從楚

還。復詣孟子。欲重受法則也。○復扶又反　孟子曰。世子疑吾言乎。夫道。一而已矣　世子疑吾言有不盡乎。夫天下之道。一言而已。惟有行善耳。復何疑也　成覸謂齊景公曰。彼丈夫也。我丈夫也。吾何畏彼哉　成覸。勇果者也。與景公言曰。尊貴者與我同丈夫耳。我亦能爲之。我何爲畏之哉。○覸古莧反。一音閒　顔淵曰。舜何人也。予何人也。有爲者亦若是　言欲有所爲。當若顔淵庶幾。成覸不畏。乃能有所成耳。又以是勉世子也　公明儀曰。文王我師也。周公豈欺我哉　公明儀。賢者也。師文王。信周公。言其知所法則也　今滕絕長補短，將五十里也，猶可以爲善國。滕雖小，其境界長短相補，可得大五十里，子男之國也，尚可以行善者也。書曰：若藥不瞑眩，厥疾不瘳。書逸篇也。瞑眩，藥攻人疾，先使瞑眩憒亂，乃得瘳愈也。喻行仁當精熟，德惠乃洽也。章指言人當上則聖人，秉仁行義，高山景行，庶幾不倦。論語曰：力行近仁。蓋不虛云。○瞑，莫甸反。眩，音縣。憒，古對反。力行近仁，論語無此語，是中庸篇，趙氏誤。

滕定公薨，世子謂然友曰：昔者孟子嘗與我言於宋，於心終不忘。今也不幸至於大故，吾欲使子問於孟子，然後行事。定公，文公父也。然友，世子之傅。

也。大故。謂大喪也。然友之鄒問於孟子。孟子歸在鄒也。孟子曰：不亦善乎。親喪固所自盡也。不亦者。亦也。問此亦其善也。曾子曰：生事之以禮，死葬之以禮，祭之以禮，可謂孝矣。曾子傳孔子之言。孟子欲令世子。如曾子之從禮也。時諸侯皆不行禮。故使獨行之也。諸侯之禮吾未之學也。雖然吾嘗聞之矣。三年之喪，齊疏之服，飦粥之食，自天子達於庶人，三代共之。孟子言我雖不學諸侯之禮。嘗聞師言。三代以來。君臣皆行三年之喪。齊疏。齊衰也。飦。饘粥也。○齊音資疏所居反飦諸延反

滕文公上

(衰)音崔(饘)與糜同然友反命定爲三年之喪父兄百官皆不欲曰吾宗國魯先君莫之行吾先君亦莫之行也至於子之身而反之不可父兄百官滕之同姓異姓諸臣也皆不欲使世子行三年滕魯同姓俱出文王魯周公之後滕叔繡之後敬聖人故宗魯者也且志曰喪祭從先祖曰吾有所受之也父兄百官且復言也志記也周禮小史掌邦國之志曰喪祭之事各從其先祖之法言我轉有所承受之不可於己身獨改更也一說吾有所受之世子言我受之於孟子也謂然友曰吾他日未嘗學問好馳馬試

劒。今也父兄百官不我足也。恐其不能盡於大事。子爲我問孟子。父兄百官。見我他日所行。謂我志行不足。似恐我不能盡大事之禮。故上我也。爲我問孟子。當何以服其心。使信我也。○好呼報反。下好者。好聚。好施。皆同。爲于僞反。下既爲。復爲。爲天下。親爲。爲非。爲。皆同然友復之鄒。問孟子。孟子曰。然。不可以他求者也。孔子曰。君薨。聽於冢宰。歠粥。面深墨。即位而哭。百官有司。莫敢不哀。先之也。孟子言如是不可用他事求也。喪尚哀。惟當以哀戚感之耳。國君薨。委政冢宰大臣。嗣君但盡哀情。歠粥不食。顔色深墨。深。甚

滕文公上

也。墨黑也。即喪位而哭。百官有司莫敢不哀者。以君先哀故也。○歠川悅反上有好者。下必有甚焉者矣。君子之德風也。小人之德草也。草尚之風必偃。是在世子。上之所欲。下以爲俗。尚加也。偃伏也。以風加草。莫不偃伏也。是在世子以身帥之也。然友反命。世子曰。然。是誠在我。世子聞之。知其在身。欲行之也。五月居廬。未有命戒。百官族人可謂曰知。諸侯五月而葬。未葬居倚廬於中門之內也。未有命戒。居喪不言也。異姓同姓之臣。可謂曰知世子之能行禮也。及至葬。四方來觀之。顏色之戚。哭泣之哀。

弔者大悅四方諸侯之賓來弔會者見世子之憔悴哀戚大悅其孝行之高美也。章指言事莫當於奉禮孝莫大於哀慟從善如流文公之謂也

滕文公問爲國孟子曰民事不可緩也問治國之道也民事不可緩之使怠惰當以政督趣教以生產之務也。趣音促

詩云晝爾于茅宵爾索綯亟其乘屋其始播百穀詩邠風七月之篇言教民晝取茅草夜索以爲綯綯絞也及爾閒暇亟而乘蓋爾野外之屋春事起爾將始播百穀矣言農民之事無休已。索桑洛反綯音桃亟音棘

民之爲道也有恒產者有恒心無恒產者無恒心苟無恒心放

辟邪侈。無不爲已。及陷乎罪。然後從而刑之。是罔民也。焉有仁人在位罔民而可爲也。義與上篇同。孟子既爲齊宣王言之。滕文公問。復爲究陳其義。故各自載之也。〇(辟)音僻是故賢君必恭儉禮下。取於民有制。古之賢君。身行恭儉。禮下大臣。賦取於民。不過什一之制也。陽虎曰。爲富不仁矣。爲仁不富矣。陽虎。魯季氏家臣也。富者好聚。仁者好施。施不得聚。道相反也。陽虎非賢者也。言有可采。不以人廢言也。夏后氏五十而貢。殷人七十而助。周人百畝而徹。其實皆什一也。徹者徹也。助者藉也。夏禹之世。號夏后氏。后。君也。禹受禪於君。故夏稱后。殷周順人心而征伐。故言人也。民耕五十畝。貢上五畝。耕七十畝者。以七畝助公家。耕百畝者。徹取十畝以爲賦。雖異名而多少同。故曰皆什一也。徹。猶人徹取物也。藉者借也。猶人相借力助之也。○徹直列反

龍子曰。治地莫善於助。莫不善於貢。貢者校數歲之中以爲常。龍子。古賢人也。言治土地之賦。無善於助者也。貢者。校數歲以爲常。類而上之。民供奉之。有易有不易。故謂之莫不善也。○數色主反。易去聲

樂歲粒米狼戾。多取之而不爲虐。則寡取之。凶年糞其田而不足。則必取盈

焉樂歲。豐年。狼戾猶狼藉也。粒米。粟米之粒也。饒多狼藉。棄捐於地。是時多取於民。不爲暴虐也。而反以常類少取之。至於凶年飢歲。民人糞治其田。尚無所得。不足以食。而公家取其稅。必滿其常數焉。不若從歲飢穰。以爲多少。與民同也。○樂音洛爲民父母使民盻盻然將終歲勤動不得以養其父母又稱貸而益之使老稚轉乎溝壑惡在其爲民父母也盻盻。勤苦不休息之貌。動。作。稱。舉也。言民勤身動作。終歲不得以養食其父母。公賦當畢。有不足者。又當舉貸子倍而益滿之。至使老小轉尸溝壑。安可以爲民之父母也。○盻五禮反。恨視也。亦匹莧反。又許乙反。文公云。音普莧者非養餘亮反。下莫養。奉養。皆同稱貸竝如字惡音烏。後惡得。惡能。同**夫世祿滕固行之矣**古者諸侯卿大夫士。有功德則世祿。賜族者也。官有世功也。其子雖未任居官。則世食其父祿。賢者子孫必有土之義也。滕固知行是矣。言亦當恤民之子弟。閔其勤勞者也。任音壬**詩云。雨我公田。遂及我私。惟助爲有公田。由此觀之。雖周亦助也**詩小雅大田之篇。言大平時。民悅其上。願欲天之先雨公田。遂以次及我私田也。猶殷人助者。爲有公田耳。此周詩也。而云雨公田。知雖周家時亦助也。雨于付反**設爲庠序學校以敎之**以學習禮敎化於國。校音效。下同**庠者養也。校者敎也。序**

滕文公上

者射也夏曰校殷曰序周曰庠學則三代共之皆所以明人倫也（養者養耆老教者教以禮義射者三耦四矢以達物導氣也學則三代同名皆謂之學學乎人倫人倫者人事也猶洪範曰彝倫攸敘謂常事所序也○射神夜反）人倫明於上小民親於下有王者起必來取法是爲王者師也（有行三王之道而興起者當取法於有道之國也）詩云周雖舊邦其命惟新文王之謂也子力行之亦以新子之國（詩大雅文王之篇言周雖后稷以來舊爲諸侯其受王命惟文王新復脩治禮義以致之耳以是勸勉文公欲

使庶幾新其國也。**使畢戰問井地**畢戰，滕臣也。問古井田之法。時諸侯各去典籍，人自為政，故井田之道不明也。**孟子曰：子之君將行仁政，選擇而使子，子必勉之。夫仁政必自經界始。經界不正，井地不鈞，穀祿不平。**子，畢戰也。經亦界也。必先正其經界，勿侵鄰國，乃可鈞井田，平穀祿。穀所以為祿也。周禮小司徒曰：乃經土地而井牧其田野。言正其土地之界，乃定受其井牧之處也。**是故暴君汙吏必慢其經界。經界既正，分田制祿，可坐而定也。**暴君，殘虐之君。汙吏，貪吏也。慢經界，不正本也。必相侵陵，長爭訟也。分田，賦盧井也。

滕文公上

制祿。以庶人在官者比上農夫。轉以爲差。故可坐而定也。○汙烏路反。又音烏

夫滕壤地褊小。將爲君子焉。將爲野人焉。無君子莫治野人。無野人莫養君子。褊小。謂五十里也。爲有也。雖小國亦有君子。亦有野人。言足以爲善政也。

請野九一而助。國中什一使自賦。九一者。井田以九頃爲數而供什一。郊野之賦也。助者。殷家稅名也。周亦用之。龍子所謂莫善於助也。時諸侯不行助法。國中什一者。周禮園廛二十而稅一。時行重賦。責之什一也。而如也。自。從也。孟子欲請使野人如助法。什一而稅之。國中從其本賦。二十而稅一。以寬之。

卿以下必有圭田。圭田五十畝。

餘夫二十五畝古者卿以下至於士。皆受圭田五十畝。所以供祭祀。圭。絜也。上田。故謂之圭田。所謂惟士無田。則亦不祭。言絀士無絜田也。井田之民。養公田者受百畝。圭田半之。故五十畝。餘夫者。一家一人受田。其餘老小尚有餘力者。受二十五畝。半於圭田。謂之餘夫也。受田者。田萊多少有上中下。周禮曰。餘夫亦如之。亦如上中下之制也。王制曰。夫圭田無征。謂餘夫圭田皆不出征賦也。時無圭田餘夫。孟子欲令復古。所以重祭祀。利民之道也。死徙無出鄉死。謂葬死也。徙。謂爰土易居。平肥磽也。不出其鄉。易為功也。○絀音黜鄉田同井。出入相友。守望相助。疾病相扶持。則百姓親睦同鄉之田。共井之家。各相營勞也。出入相友。相友耦也。周禮大宰曰。八曰友以任得民。守望相助。助察姦也。疾病相扶持。扶持其羸弱。救其困急。皆所以教民相親睦之道。睦和也。**方里而井井九百畝其中爲公田八家皆私百畝同養公田公事畢然後敢治私事所以別野人也**方一里者九百畝之地也。爲一井。八家各私得百畝。同共養其公田之苗稼。公田八十畝。其餘二十畝。以爲廬宅園圃。家二畝半也。先公後私。遂及我私之義也。則是野人之事。所以別於士伍者也。(養)文公去聲(別)彼列反。下有別同**此其大略也若夫潤澤之則在君與子矣**略。要也。其井田之大要如是。而加慈惠潤澤之。

則在滕君與子。共戮力撫循之也。章指言尊賢師知。采人之善。善之至也。脩學校。勸禮義。勑民事。正經界。鈞井田。賦什一。則爲國之大本也。○知音智

有爲神農之言者許行。自楚之滕。踵門而告文公曰。遠方之人。聞君行仁政。願受一廛而爲氓。神農。三皇之君炎帝神農氏也。許。姓。行。名也。治爲神農之道者。踵。至也。廛。居也。自稱遠方之人願爲氓。氓。野人之稱。○許行音衡。又下孟反。踵之隴反

文公與之處。其徒數十人。皆衣褐。捆屨織席以爲食。文公與之居處。舍之宅也。其徒。學其業者也。衣褐。貧也。捆。猶叩椓也。織屨欲使堅。故叩之也。賣屨席以供食飲也。○

衣於既反。下同。捆音闓。陳良之徒陳相與其弟辛負耒耜而自宋之滕，曰：聞君行聖人之政，是亦聖人也，願爲聖人氓。陳良，儒者也。陳相，良之門徒也。辛，相弟。聖人之政，謂仁政也。相去平竝通。陳相見許行而大悅，盡棄其學而學焉。棄陳良之儒道，更學許行神農之道也。陳相見孟子，道許行之言曰：滕君則誠賢君也，雖然，未聞道也。陳相言許行以爲滕君未達至道也。賢者與民竝耕而食，饔飧而治。今也滕有倉廩府庫，則是厲民而以

滕文公上

自養也惡得賢相言許子以爲古賢君當與民竝耕而各自食其力饔飧熟食也朝曰饔夕曰飧當身自具其食兼治政事耳今滕賦稅有倉廩府庫之富是爲厲病其民以自奉養安得爲賢君乎三皇之時質樸無事故道若此也○饔音雍飧音孫當身去聲

孟子曰許子必種粟而後食乎問許子必自身種粟乃食之耶曰然相曰然許子自種之許子必織布然後衣乎孟子曰許子自織布然後衣之乎曰否許子衣褐相曰不自織布許子衣褐以毳織之若今馬衣者也或曰褐枲衣也一曰粗布衣也許子冠乎孟子問相曰冠相曰冠也曰奚冠孟子問許子何冠也曰冠素相曰

（許子冠素）曰。自織之與。（孟子曰。許子自織素與）曰。否。以粟易之。（相言許子以粟易素）曰。許子奚爲不自織。（孟子曰。許子何爲不自織素乎）曰。害於耕。（相曰。織妨害於耕。故不自織也）曰。許子以釜甑爨。以鐵耕乎。（爨。炊也。孟子曰。許子寧以釜甑炊食。以鐵爲犂。用之耕否邪）曰。然。（相曰。用之）自爲之與。（孟子曰。許子自治鐵陶瓦器邪）曰。否。以粟易之。（相曰。不自作鐵瓦。以粟易之也）以粟易械器者。不爲厲陶冶。陶冶亦以其械器易粟者。豈爲厲農夫哉。且許子何不爲陶冶。舍皆取諸其宮中而用之。何爲紛紛然與百工交易。何許子之不憚煩械。器之揔名也。厲。病也。以粟易器。不病陶冶。陶冶亦何以爲病農夫乎。且許子何爲不自陶冶。舍者止也。止不肯皆自取之其宮宅中而用之。何爲反與百工交易。紛紛爲煩也。舍音赦曰。百工之事。固不可耕且爲也相曰。百工之事。固不可耕且爲。故交易也然則治天下。獨可耕且爲與孟子言百工各爲其事。尚不可得耕且兼之。人君自天子以下。當治天下政事。此反可得耕且爲邪。欲以窮許行之非滕君不親耕也。孟子謂五帝以來。有禮義上下之事。不得復若三皇之道也。言許子不知禮也有大人之事。有小

滕文公上

人之事。且一人之身。而百工之所爲備。如必自爲而後用之。是率天下而路也。孟子言人道自有大人之事。謂人君行教化也。小人之事。謂農工商也。一人而備百工之所作。作之乃得用之者。是率導天下人以羸困之路也。故曰。或勞心。或勞力。勞心者治人。勞力者治於人。治於人者食人。治人者食於人。天下之通義也。勞心者君也。勞力者民也。君施教以治理之。民竭力治公田以奉養其上。天下通義所常行也。○食人。音嗣。食於人。如字。文公竝如字。當堯之時。天下猶未平。洪水橫流。氾濫於天下。草木暢茂。禽獸繁殖。五穀不登。禽獸偪人。獸蹄鳥迹之道。交於中國。堯獨憂之。舉舜而敷治焉。遭洪水。故天下未平。水盛。故草木暢茂。草木盛。故禽獸繁息衆多也。登。升也。五穀不足升用也。猛獸之迹。當在山林。而反交於中國。懼害人。故堯獨憂念之。敷。治也。書曰。禹敷土。治土也。○氾音泛　偪音逼　舜使益掌火。益烈山澤而焚之。禽獸逃匿。掌。主也。主火之官。猶古火正也。烈。熾也。益視山澤草木熾盛者而焚燒之。故禽獸逃匿而遠竄也　禹疏九河。瀹濟漯而注諸海。決汝漢。排淮泗。而注之江。然後中國可得而食也。當是時也，禹八年於外，三過其門而不入，雖欲耕，得乎？疏，通也。瀹，治也。排，壅也。於是水害除，故中國之地可得耕而食也。禹勤事於外，八年之中，三過其家門而不入。書曰：辛壬癸甲，啓呱呱而泣。如此，寧得耕乎。○瀹音藥，濟子禮反，漯他合反。后稷教民稼穡，樹藝五穀，五穀熟而民人育。棄爲后稷也。樹，種。藝，殖也。五穀，謂稻黍稷麥菽也。五穀所以養人也，故言民人育也。人之有道也，飽食煖衣，逸居而無教，則近於禽獸。聖人有憂之，使契爲司徒，教以人倫：父子有親，君臣

滕文公上

有義夫婦有別長幼有敘朋友有信司徒主人敎以人事。父父。子子。君君。臣臣。夫夫。婦婦。兄兄。弟弟。朋友貴信。契之敎也。契音薛放勳曰勞之來之匡之直之輔之翼之使自得之又從而振德之放勳堯名也。遭水災。恐其小民放辟邪侈。故勞來之匡正直其曲心。使自得其本善性。然後又復從而振其羸窮。加德惠也。放方往反日音馹。或作曰誤勞來竝去聲放勳日。文公日作曰聖人之憂民如此而暇耕乎重喻陳相堯以不得舜爲己憂舜以不得禹皋陶爲己憂夫以百畝之不易爲己憂者農夫也分人以財謂之惠教人以善謂之忠爲天下得人者謂之仁言聖人以不得賢聖之臣爲己憂農夫以百畝不治易爲己憂○易去聲是故以天下與人易爲天下得人難爲天下求能治天下者難得也故言以天下傳與人尚爲易也○爲文公去聲孔子曰大哉堯之爲君惟天爲大惟堯則之蕩蕩乎民無能名焉君哉舜也巍巍乎有天下而不與焉堯舜之治天下豈無所用其心哉亦不用於耕耳天道蕩蕩乎大無私生萬物而不知其所由來堯法

天。故民無能名堯德者也。舜得人君之道哉。德盛乎。巍巍乎。有天下之位雖貴盛。不能與益舜巍巍之德。言德之大。大於天子位也。堯舜蕩蕩巍巍如此。但不用心於躬自耕也。○

與音豫。亦如字

吾聞用夏變夷者。未聞變於夷者也。

當以諸夏之禮義化變夷蠻之人耳。未聞變化於夷蠻之人。則其道也

陳良。楚產也。悅周公仲尼之道。北學於中國。北方之學者。未能或之先也。彼所謂豪傑之士也。子之兄弟事之數十年。師死而遂倍之。

陳良生於楚。北游中國。學者不能有先之者也。可謂豪傑過人之士也。子之兄弟謂陳相陳辛也。數十年

師事陳良。良死而倍之。更學於許行。非之也。○倍當作偝。下同昔者孔子沒三年之外。門人治任將歸。入揖於子貢。相嚮而哭。皆失聲。然後歸。子貢反。築室於場。獨居三年。然後歸。任。擔也。失聲。悲不能成聲。場。孔子冢上祭祀壇場也。子貢獨於場左右築室。復三年。愼終追遠也。○任而針反他日子夏子張子游以有若似聖人。欲以所事孔子事之。彊曾子。曾子曰。不可。江漢以濯之。秋陽以暴之。皜皜乎不可尚已。有若之貌似孔子。此三子者。思孔子而不可復見。故欲尊有若以作聖人。朝夕奉事之。如事孔子。以慰思也。曾子不肯。以爲聖人之絜白。如濯之江漢。暴之秋陽。秋陽。周之秋。夏之五月六月盛陽也。皜皜。甚白也。何可尚而乃欲以有若之質。放聖人之坐席乎。尊師道。故不肯。(强)其丈反(暴)蒲木反(皜)音杲

今也南蠻鴃舌之人。非先王之道。子倍子之師。而學之。亦異於曾子矣。吾聞出於幽谷。遷于喬木者。未聞下喬木而入於幽谷者

今此許行。乃南楚蠻夷。其舌之惡。如鴃鳥耳。鴃。博勞也。詩云。七月鳴鴃。應陰而殺物者也。許子託於大古。非先聖王堯舜之道。不務仁義。而欲使君臣竝耕。傷害道德。惡如鴃舌。與曾子之心。亦異遠也。人當出深谷上

喬木。今子反下喬木入深谷。○鴃音決。又古役反魯頌曰。戎狄是膺。荊舒是懲。周公方且膺之。子是之學。亦爲不善變矣。詩。魯頌閟宮之篇也。膺。擊也。懲。艾也。周家時擊戎狄之不善者。懲止荊舒之人。使不敢侵陵也。周公常欲擊之。言南夷之人難用。而子反悅是人而學其道。亦爲不善變更矣。孟子究陳此者。深以責陳相也。從許子之道。則市賈不貳。國中無僞。雖使五尺之童適市。莫之或欺。布帛長短同。則賈相若。麻縷絲絮輕重同。則賈相若。五穀多寡同。則賈相若。屨大小同。則

賈相若陳相復爲孟子言此。如使從許子淳樸之道。可使市無二賈。不相僞詐。不欺愚小也。長短。謂尺丈。輕重。謂斤兩。多寡。謂斗石。大小。謂尺寸。皆言其同賈。故曰無二賈者也。○賈音嫁。下同**曰夫物之不齊物之情也或相倍蓰或相什百或相千萬子比而同之是亂天下也巨屨小屨同賈人豈爲之哉從許子之道相率而爲僞者也惡能治國家**孟子曰。夫萬物好醜異賈。精粗異功。其不齊同。乃物之情性也。蓰。五倍也。什。十倍也。至於千萬相倍。譬若和氏之璧。雖與凡玉之璧。尺寸厚薄適等。其賈豈可同哉。子欲以大小相比而同之。則使天下有爭亂之道也。巨。粗屨也。小。細屨也。如使同賈而賣之。人豈肯作其細者哉。時許子敎人僞者耳。安能治國家者也。章指言神農務本。敎於凡民。許行蔽道。同之君臣。陳相倍師。降於幽谷。不理萬情。謂之敦樸。是以孟子博陳堯舜上下之敘。以匡之也。○(蓰)音師。又山綺反。史記作蓓灑。(比)音鼻。

墨者夷之因徐辟而求見孟子。夷之。治墨家之道者。徐辟。孟子弟子也。求見孟子。欲以辯道也。○(辟)音壁。又音闢。

孟子曰。吾固願見。今吾尚病。病愈。我且往見。我常願見之。今値我病。不能見也。病愈將自往見。以辭却之。

夷子不來。他日。又求見孟子。是日。夷子聞孟子病。故不來。他日。復往求見。

孟子曰。

吾今則可以見矣不直則道不見我且直之告徐子曰。今我可以見夷之矣。不直言攻之則儒家聖道不見。我且欲直攻之也。○不見音現吾聞夷子墨者墨之治喪也以薄爲其道也夷子思以易天下豈以爲非是而不貴也然而夷子葬其親厚則是以所賤事親也我聞夷子爲墨道。墨者治喪。貴薄而賤厚。夷子思欲以此道。易天下之化。使從己。豈肯以薄爲非是而不貴之也。如使夷子葬其父母厚也。是以所賤之道。奉其親也。如其薄也。下言上世不葬者。又可鄙。足爲戒也。吾欲以此攻之也徐子以告夷子。夷子

曰儒者之道古之人若保赤子此言何謂也

之則以爲愛無差等施由親始之。夷子名也。言儒家曰。古之治民。若安赤子。此何謂乎。之以爲當同其恩愛。無有差次等級相殊也。但施厚之事。先從己親屬始耳。若此。何爲獨非墨道也

徐子以告孟子。孟子曰。

夫夷子信以爲人之親其兄之子爲若親其鄰之赤子乎彼有取爾也赤子匍匐將入井非赤子之罪也。親愛也。夫夷子以爲人愛兄子與愛鄰人之子等耶。彼取赤子將入井。雖他人子。亦驚救之。故謂之愛同也。此但以赤子無知。非其罪惡。故救之耳。

夷子必以此況之。未盡達人情者也。○匍音蒲匐蒲北反且天之生物也使之一本而夷子二本故也天生萬物。各由一本而出。今夷子以他人之親。與己親等。是爲二本。故欲同其愛也蓋上世嘗有不葬其親者。其親死。則舉而委之於壑上世未制禮之時。壑。路傍坑壑也。其父母終。舉而委棄之壑中也他日過之。狐狸食之。蠅蚋姑嘬之。其顙有泚。睨而不視。夫泚也。非爲人泚。中心達於面目。蓋歸反虆梩而掩之。掩之誠是也。則孝子仁人之掩其親。亦必有

道矣嘬。攢共食之也。類。額也。泚。汗出泚泚然也。見其親爲獸蟲所食。形體毀敗。中心慙。故汗泚泚然出於額。非爲他人而慙也。自出其心。聖人緣人心而制禮也。虆梩。籠臿之屬。可以取土者也。而掩之。實是其道。則孝子仁人掩其親。有以也。○(蚋)音汭(泚)七禮反(睨)音詣(爲)文公去聲(虆)力追反(梩)力知反

徐子以告夷子。夷子憮然爲閒曰。命之矣孟子言是以爲墨家薄葬。不合道也。徐子復以告夷子。夷子憮然者。猶悵然也。爲閒者。有頃之閒也。命之。猶言受命教矣。章指言聖人緣情。制禮奉終。墨子玄同。質而違中。以直正枉。憮然改容。蓋其理也。○(憮)音武(閒)如字

孟子卷第五

相臺岳氏刻梓荊谿家塾

滕文公上

孟子卷第六

滕文公章句下

陳代曰不見諸侯宜若小然今一見之大則以王小則以霸且志曰枉尺而直尋宜若可爲也 陳代孟子弟子也代見諸侯有來聘請孟子孟子有所不見以爲孟子欲以是爲介故言此介得無爲狹小乎如一見之儻得行道可以輔致霸王乎志記也枉尺直尋欲使孟子屈己信道故言宜若可爲也〇王文公去聲信音伸

孟子曰昔齊景公田招虞人以旌不至將殺之 虞人守苑囿之吏也

招之當以皮冠。而以旌。故不至也志士不忘在溝壑。勇士不忘喪其元。孔子奚取焉。取非其招不往也。如不待其招而往何哉志士。守義者也。君子固窮。故常念死無棺椁。沒溝壑而不恨也。勇士。義勇者也。元。首也。以義則喪首不顧也。孔子奚取。取守死善道。非禮招己則不往。言虞人不得其招尚不往。如何君子而不待其招。直事妄見諸侯者。何爲也○喪文公去聲且夫枉尺而直尋者。以利言也。如以利。則枉尋直尺而利。亦可爲與尺小尋大。不可枉大就小而以要利也昔者趙簡子使王良與嬖奚乘。終日而不獲一禽。嬖奚反命曰。天下之賤工也。趙簡子。晉卿也。王良。善御者也。嬖奚。簡子幸臣。以不能得一禽。故反命於簡子。謂王良天下鄙賤之工師也。㊀乘音剩下同或以告王良。良曰。請復之。聞嬖奚賤之故請復與乘。強而後可。強嬖奚乃肯行。㊀強其丈反一朝而獲十禽。嬖奚反命曰。天下之良工也。以一朝得十禽。故謂之良工簡子曰。我使掌與女乘。掌。主也。使王良主與女乘謂王良。良不可。王良不肯曰。吾爲之範我馳驅。終日不獲一。爲之詭遇。一朝而獲十。範。法也。王良曰。我爲之法度之御，應禮之射，正殺之禽，不能得一。橫而射之，曰詭遇，非禮之射，則能獲十。言嬖奚小人也，不習於禮。○文公去聲。射，之食亦反。(爲)詩云：『不失其馳，舍矢如破。』我不貫與小人乘，請辭。」詩小雅車攻之篇也。言御者不失其馳驅之法，則射者必中之。順毛而入，順毛而出，一發貫臧，應矢而死者如破矣。此君子之射也。貫，習也。我不習與小人乘，不願掌與與嬖奚同乘，故請辭。○(舍)音捨。(貫)音慣。(臧)如字。御者且羞與射者比，比而得禽獸，雖若丘陵，弗爲也。如枉道而從彼，何也？孟子引此以喻陳代云：御者尚知恥羞，此射者不欲與比。子如何欲使我枉正道而從彼驕慢諸侯而見之。○

比毗志反。下同且子過矣。枉己者。未有能直人者也。謂陳代之言過謬也。人當以直矯枉耳。己自枉曲。何能正人。章指言脩禮守正。非招不往。枉道富貴。君子不許。是以諸侯雖有善其辭命。伯夷亦不屑就也

景春曰。公孫衍張儀。豈不誠大丈夫哉。一怒而諸侯懼。安居而天下熄。景春。孟子時人。爲從橫之術者。公孫衍。魏人也。號爲犀首。常佩五國相印。爲從長。秦王之孫。故曰公孫。張儀。合從者也。一怒則構諸侯。使強陵弱。故言懼也。安居不用辭說。則天下兵革熄也。○熄音息

孟子曰。是焉得爲大丈夫乎。子未學禮乎。丈夫之冠也。父命之。

滕文公下

女子之嫁也。母命之。往送之門。戒之曰。往之女家。必敬必戒。無違夫子。以順爲正者。妾婦之道也孟子以禮言之。男子之道。當以義匡君。女子則當婉順從人耳。男子之冠。則命曰。就爾成德。今此二子。從君順指。行權合從。無輔弼之義。安得爲大丈夫也。〔焉〕於虔反〔冠〕音貫〔女〕家音汝居天下之廣居。立天下之正位。行天下之大道。得志與民由之。不得志獨行其道。富貴不能淫。貧賤不能移。威武不能屈。此之謂大丈夫廣居。謂天下也。正位。謂男子純乾正陽之位也。大道。仁義之道也。得志行正。與民共之。不得志。隱居獨善其身。守道不回也。淫亂其心也。移易其行也。屈挫其志也。三者不惑。乃可謂大丈夫。章指言以道匡君。非禮不運。稱大丈夫。阿意用謀。善戰務勝。事雖有剛。心歸柔順。故云妾婦。以況儀衍。

周霄問曰。古之君子仕乎。周霄。魏人也。問君子之道當仕否。孟子曰。仕。傳曰。孔子三月無君。則皇皇如也。出疆必載質。質臣所執以見君者也。三月。一時也。物變而不佐君化。故皇皇如有求而不得。○疆音姜。質音贄。見音現。公明儀曰。古之人三月無君則弔。公明儀賢者也。而言古人三月無君則弔。明當仕也。三月無君則弔。不以急

乎周霄怪乃弔於三月無君何其急也曰士之失位也猶諸侯
之失國家也禮曰諸侯耕助以供粢盛夫人
蠶繅以爲衣服犧牲不成粢盛不潔衣服不
備不敢以祭惟士無田則亦不祭牲殺器皿
衣服不備不敢以祭則不敢以宴亦不足弔
乎諸侯耕助者躬耕勸率其民收其藉助以供粢盛粢稷盛稻也夫人親執蠶繅之事以率女功衣服祭服不成不實肥腯也惟辭也言惟絀祿之士無圭田者不祭牲必特殺故曰殺皿所以覆器者也不祭則不宴猶喪人也不亦可弔乎○粢音咨盛音成繅素刀

反（皿）武永反出疆必載質何也周霄問出疆何為復載質曰士之仕也猶農夫之耕也農夫豈為出疆舍其耒耜哉孟子言仕之為急若農夫不可不耕○（為）出于偽反下為之為其為匹夫為此皆同曰晉國亦仕國也未嘗聞仕如此其急仕如此其急也君子之難仕何也魏本晉也故周霄曰我晉人也亦仕而不知其急若此若此君子何為難仕君子謂孟子何為不急仕也（難）乃憚反又如字曰丈夫生而願為之有室女子生而願為之有家父母之心人皆有之不待父母

之命媒妁之言鑽穴隙相窺踰牆相從則父母國人皆賤之言人不可觸情從欲。須禮而行。○妁音酌古之人未嘗不欲仕也又惡不由其道不由其道而往者與鑽穴隙之類也言古之人雖欲仕。如不由其正道。是與鑽穴隙者何異章指言君子務仕。思播其道達義行仁。待禮而動。苟容干祿。踰牆之女人之所賤。故弗為也。○惡烏路反。下又惡。楚惡。惡無禮。皆同彭更問曰後車數十乘從者數百人以傳食於諸侯不以泰乎泰。甚也。彭更孟子弟子。怪孟子徒衆多。而傳食於諸侯之國。得無為甚奢泰也○更古衡反。〔從〕才用反。〔傳〕直戀反。孟子曰：非其道，則一簞食不可受於人；如其道，則舜受堯之天下不以爲泰。子以爲泰乎？簞，笥也。非以其道，一笥之食不可受也。子以舜受堯天下爲泰乎？〔食〕音嗣。此章可食而食、食志、食功、食乎子、食不食皆同，餘如字。曰：否。士無事而食，不可也。彭更曰：不以舜爲泰也，謂仕無功事而虛食人者不可也。曰：子不通功易事，以羨補不足，則農有餘粟，女有餘布；子如通之，則梓匠輪輿皆得食於子。孟子言凡人當通功易事，乃可各以奉其用。梓匠，木工也。輪人、輿人，作車者。交易則得食於子之所有矣。周禮攻木之工七。梓匠輪輿是其四者。羨。餘也。○(羨)似面反。又餘見反。文公延面反於此有人焉。入則孝。出則悌。守先王之道。以待後之學者。而不得食於子。子何尊梓匠輪輿而輕爲仁義者哉入則事親孝出則敬長順也。悌。順也。守先王之道。上德之士可以化俗者。若此不得食子之祿。子何尊彼而賤此也曰。梓匠輪輿。其志將以求食也。君子之爲道也。其志亦將以求食與彭更以爲彼志於食。此亦但志食也曰。子何以其志爲哉。其有功於子。可食而食之

滕文公下

矣且子食志乎食功乎 孟子言祿以食功子何食乎 曰食志 彭更以爲當食志也 曰有人於此毁瓦畫墁其志將以求食也則子食之乎 孟子言人但破碎瓦畫地則復墁滅之此無用之爲也然而其意反欲求食則子食乎○畫音獲墁武安反 曰否 彭更曰不食也 曰然則子非食志也食功也 孟子曰如是子果食功也 章指言百工食力以祿養賢脩仁尚義國之所尊移風易俗其功可珍雖食諸侯不爲素餐

萬章問曰宋小國也今將行王政齊楚惡而伐之則如之何 問宋當如齊楚何也 孟子曰湯居亳

與葛爲鄰葛伯放而不祀湯使人問之曰何爲不祀曰無以供犧牲也湯使遺之牛羊葛伯食之又不以祀葛夏諸侯嬴姓之國放縱無道不祀先祖○亳音薄遺惟季反湯又使人問之曰何爲不祀曰無以供粢盛也湯使亳衆往爲之耕老弱饋食葛伯率其民要其有酒食黍稻者奪之不授者殺之有童子以黍肉餉殺而奪之書曰葛伯仇餉此之謂也童子未成人殺之尤無狀書尚書逸篇也仇怨也言湯所以伐

殺葛伯，怨其害此餉也。（食）文公音嗣，（餉）式亮反。爲其殺是童子而征之，四海之內皆曰：「非富天下也，爲匹夫匹婦復讎也。」四海之民皆曰湯不貪天下富也，爲一夫報仇也。湯始征，自葛載，十一征而無敵於天下。東面而征，西夷怨；南面而征，北夷怨，曰：「奚爲後我？」民之望之，若大旱之望雨也。歸市者弗止，芸者不變，誅其君，弔其民，如時雨降，民大悅。書曰：「徯我后，后來其無罰。」載，始也。言湯初征從葛始也。十一征而服天下。一說言當作再字。再十一者。湯再出征十一國。再十一。
凡征二十二國也。書。逸篇也。民曰。待我君來。
我則無罰矣。歸市不止。不以有軍來征。故市
者止不行也。不使芸者變休也。○(溪)胡禮反

有攸不惟臣東征綏厥士女匪厥玄黃紹我
周王見休惟臣附于大邑周其君子實玄黃
于匪以迎其君子其小人簞食壺漿以迎其
小人救民於水火之中取其殘而已矣從有攸以
下。道周武王伐紂時也。皆尚書逸篇之文。攸
所也。言武王東征。安天下士女。小人各有所
執往。無不惟念執臣子之節。匪厥玄黃。謂諸
侯執玄三纁二之帛。願見周王。望見休善。使

我得附就大邑周家也。其君子小人各有所執以迎其類也。言武王之師救殷民於水火之中。討其殘賊也。○(匪)厥。當作篚。篚以盛貢幣。此作匪。古字借用

大誓曰我武惟揚侵于之疆則取于殘殺伐用張于湯有光

大誓古尚書百二十篇之時大誓也。我武王用武之時惟鷹揚也。侵于之疆。侵紂之疆界。則取于殘賊者。以張伐殺之功也。民有簞食壺漿之歡。比於湯伐桀爲有光寵。美武王德優前代也。今之尚書大誓篇。後得以充學。故不與古大誓同。諸傳記引大誓。皆古大誓也

不行王政云爾苟行王政四海之內皆舉首而望之欲以爲君齊楚雖大何畏焉

萬章

憂宋迫於齊楚不得行政故孟子爲陳殷湯周武之事以喻之誠能行之天下思以爲君何畏齊楚焉章指言脩德無小暴慢無强是故夏商之末民思湯武雖欲不王末由也已

孟子謂戴不勝曰子欲子之王之善與我明告子不勝宋臣有楚大夫於此欲其子之齊語也則使齊人傅諸使楚人傅諸孟子假喻有楚大夫在此欲變其子使學齊言當使齊人傅之邪使楚人自傅相之邪曰使齊人傅之不勝曰使齊人曰一齊人傅之衆楚人咻之雖日撻而求其齊也不可得矣引而置之莊嶽之閒

數年雖日撻而求其楚亦不可得矣言使一齊人傅相楚衆人咻之咻之者讙也如此雖日撻之欲使齊言不可得矣言寡不勝衆也莊嶽齊街里名也多人處之數年而自齊也○咻音休子謂薛居州善士也使之居於王所在於王所者長幼卑尊皆薛居州也王誰與爲不善孟子曰不勝常言居州宋之善士也欲使居於王所如使在王所者小大皆如居州則王誰與爲不善也在王所者長幼卑尊皆非薛居州也王誰與爲善一薛居州獨如宋王何如使在王左右者皆非居州之疇王當誰與爲善乎一薛

居州。獨如宋王何而能化之也。周之末世。列國皆僣號自稱王。故曰宋王也。章指言自非聖人。在所變化。故諺曰。白沙在涅。不染自黑。蓬生麻中。不扶自直。言輔之者衆也

公孫丑問曰不見諸侯何義丑怪孟子不肯每輒應諸侯之聘。不見之於義謂何也孟子曰古者不爲臣不見古者不爲臣。不肯見不義而富且貴者也段干木踰垣而辟之泄柳閉門而不內。是皆已甚。迫斯可以見矣孟子言魏文侯。魯繆公。有好義之心。而此二人距之大甚。迫窄則可以見之。〔辟〕音避〔內〕音納陽貨欲見孔子而惡無禮。大夫有賜於士。不得受於

其家則往拜其門陽貨。魯大夫也。孔子。士也。○（見）文公音現陽貨矙孔子之亡也而饋孔子蒸豚孔子亦矙其亡也而往拜之當是時陽貨先豈得不見矙。視也。陽貨視孔子亡而饋之者。欲使孔子來荅。恐其便荅拜使人也。孔子矙其亡者。心不欲見陽貨也。論語曰。饋孔子豚。孟子曰蒸豚。豚非大牲。故用熟饋也。是時陽貨先加禮。豈得不往拜見之哉。○（矙）音瞰曾子曰脅肩諂笑病于夏畦脅肩。竦體也。諂笑。强笑也。病。極也。言其意苦勞極。甚於仲夏之月治畦灌園之勤也。○（脅）許業反。又許及反（畦）胡圭反子路曰未同而言觀其色赧赧然非由之所知也未同志未合也不可與言而與之言謂之失言也觀其色赧赧然面赤心不正貌也由子路名子路剛直故曰非由所知也（赧）女簡反由是觀之則君子之所養可知已矣孟子言由是觀曾子子路之言以觀君子之所養志可知矣謂君子養正氣不以入邪也章指言道異不謀迫斯强之段泄已甚矙亡得宜正己直行不納於邪赧然不接傷若夏畦也戴盈之曰什一去關市之征今茲未能請輕之以待來年然後已何如戴盈之宋大夫問孟子欲使君去關市征稅復古行什一之賦今年未能盡去且使輕之待來年然後復古何如（去）起呂反孟子曰

今有人日攘其鄰之雞者，或告之曰：是非君子之道。曰：請損之，月攘一雞，以待來年，然後巳。如知其非義，斯速巳矣，何待來年。攘，取也。取自來之物也。孟子以此爲喻，知攘之惡，當即止，何可損少，月取一雞，待來年乃止乎？謂盈之之言，若此類者也。章指言從善改非，坐而待旦，知而爲之，罪重於故，譬猶攘雞，多少同盜，變惡自新，速然後可也。○攘，如羊反。

公都子曰：外人皆稱夫子好辯，敢問何也。公都子，孟子弟子也。外人，他人論議者也。好辯，言子好與楊墨之徒辯爭。○好，呼報反。

孟子曰：子豈好辯哉？子不得

已也曰我不得已耳欲救正道懼爲邪說所亂故辯之也天下之生久矣一治一亂當堯之時水逆行氾濫於中國蛇龍居之民無所定下者爲巢上者爲營窟天下之生生民以來也迭有亂治非一世水生蛇龍水盛則蛇龍居民之地也民患水避之故無定居埤下者於樹上爲巢猶鳥之巢也上者高原之上也鑿岸而營度之以爲窟穴而處之氾孚劔反書曰洚水警余洚水者洪水也尚書逸篇也水逆行洚洞無涯故曰洚水洪大也洚音絳又下江反又胡貢反使禹治之禹掘地而注之海驅蛇龍而放之菹

水由地中行江淮河漢是也險阻既遠鳥獸之害人者消然後人得平土而居之堯使禹治洪水通九州故曰掘地而注之海也菹澤生草者地今青州謂澤有草者爲菹水流行於地而去也民人下高就平土故遠險阻也水去故鳥獸害人者消盡也○菹側魚反遠于願反

堯舜既沒聖人之道衰暴君代作壞宮室以爲汙池民無所安息棄田以爲園囿使民不得衣食邪說暴行又作園囿汙池沛澤多而禽獸至暴亂也亂君更興殘壞民室屋以其處爲汙池棄五穀之田以爲園囿長

逸遊而棄本業使民不得衣食有飢寒竝至之厄其小人則放辟邪侈故作邪僞之說爲姦寇之行沛草木之所生也澤水也至衆也田疇不墾故禽獸衆多謂羿桀之時也○（壞）音怪（汙）音烏邪（説）如字又音稅（行）下孟反（沛）蒲內反

及紂之身天下又大亂周公相武王誅紂伐奄三年討其君驅飛廉於海隅而戮之滅國者五十驅虎豹犀象而遠之天下大悅

奄東方無道國武王伐紂至於孟津還歸二年復伐前後三年也飛廉紂諛臣驅之海隅而戮之猶舜放四罪也滅與紂共爲亂政者五十國也奄大國故特伐之尚書多方曰王來自奄○（奄）文公平聲

書曰丕顯

哉。文王謨。丕承哉。武王烈。佑啓我後人。咸以正無缺書尚書逸篇也。丕。大。顯。明。承。纘。烈。光也。言文王大顯明王道。武王大纘承天光烈。佑開後人。謂成康皆行正道無虧缺也。此周公輔相以撥亂之功也世衰道微。邪說暴行有作。臣弒其君者有之。子弒其父者有之。孔子懼。作春秋。春秋。天子之事也。是故孔子曰。知我者其惟春秋乎。罪我者其惟春秋乎世衰道微。周衰之時也。孔子懼王道遂滅。故作春秋。因魯史記設素王之法。謂天子之事也。知我者。謂我正王綱也。罪我者。謂時人見彈貶者。言孔子以春秋撥亂也。(有)作文公讀爲又聖王不作。諸侯放恣。處士横議。楊朱墨翟之言盈天下。天下之言不歸楊則歸墨。楊氏爲我。是無君也。墨氏兼愛。是無父也。無父無君。是禽獸也。言孔子之後。聖王之道不興。戰國縱横。布衣處士。游説以干諸侯。若楊墨之徒。無尊異君父之義。而以横議於世也。(横)去聲(爲)于僞反公明儀曰。庖有肥肉。廐有肥馬。民有飢色。野有餓莩。此率禽獸而食人也。公明儀魯賢人。言人君但崇庖廚。養犬馬。不恤民。是爲率禽獸而食人也。(莩)皮表反楊墨之道不息。孔子之道不著。是邪說誣民。充塞仁義也。仁義充塞。則率獸食人。人將相食。言仁義塞則邪說行。獸食人則人相食。此亂之甚也。吾爲此懼。閑先聖之道。距楊墨。放淫辭。邪說者不得作。閑，習也。淫，放也。孟子言我懼聖人之道不著。爲邪說所乘。故習聖人之道以距之。○爲，文公去聲作於其心。害於其事。作於其事。害於其政。聖人復起。不易吾言矣。說與上篇同昔者禹抑洪水而天下平。周公兼夷狄驅猛獸而百姓寧。孔子成春秋而亂臣賊子懼抑。治也。周公兼懷夷狄之人。驅害人之猛獸也。言亂臣賊子懼春秋之貶責也詩云戎狄是膺荊舒是懲則莫我敢承此詩已見上篇說無父無君是周公所膺也是周公所欲伐擊也我亦欲正人心息邪說距詖行放淫辭以承三聖者豈好辯哉予不得已也孟子言我亦欲正人心。距險詖之行。以奉禹周公孔子也。不得已而與人辯耳。豈好之哉。〔詖〕音賁能言距楊墨者聖人之徒也孟子自謂能距楊墨也。徒。黨也。可以繼聖人之道。謂名世者也。章指言夫憂世撥亂。勤以濟之。義以匡之。是故禹稷一駢躋。周公仰思。仲尼皇皇。墨突不及汗。聖賢若是。豈得不辯也匡章曰。陳仲子豈不誠廉士哉。居於陵。三日不食。耳無聞目無見也。井上有李。螬食實者過半矣。匍匐往將食之。三咽。然後耳有聞。目有見。匡章。齊人也。陳仲子。齊一介之士。窮不苟求者。是以絕糧而餒也。螬。蟲也。李實有蟲食之過半。言仲子目不能擇也。○於文公音烏。螬音曹。匍音蒲。匐蒲北反。咽音宴孟子曰。於齊國之士。吾必以仲子爲巨擘焉。雖然。仲子惡能廉。充仲子之操。則蚓而後可者也。夫蚓上食槁壤下飲黃泉巨擘大指也比於齊國之士吾必以仲子爲指中大者耳非大器也蚓丘蚓之蟲也充滿其操行似蚓而可行者也蚓食土飲泉極廉矣然無心無識仲子不知仁義苟守一介亦猶蚓也○擘博厄反惡音烏下惡用同仲子所居之室伯夷之所築與抑亦盜跖之所築與所食之粟伯夷之所樹與抑亦盜跖之所樹與是未可知也孟子問匡章仲子豈能必使伯夷之徒築室樹粟乃居食之邪抑亦得盜跖之徒使作也是殆未可知也曰是何傷哉彼身織屨妻辟纑以易之也匡章曰惡人作之何傷哉彼仲子身自織

屨。妻緝纑。以易食宅耳。緝績其麻曰辟。練麻曰纑。○（辟）音壁（纑）音盧

曰。仲子齊之世家也。兄戴蓋祿萬鍾。以兄之祿為不義之祿而不食也。以兄之室為不義之室而不居也。辟兄離母。處於於陵

孟子言仲子齊之世卿大夫之家。兄名戴。為齊卿。食采於蓋。祿萬鍾。仲子以為事非其君。行非其道。以居富貴。故不義之。竄於於陵。○（蓋）音盍。文公音閤（辟）文公音避

他日歸則有饋其兄生鵝者。已頻顣曰。惡用是鶂鶂者為哉

他日。異日也。歸省其母。見兄受人之鵝而非之。已。仲子也。頻顣不悅曰。安用是鶂鶂者為乎。鶂鶂。鵝鳴之

聲。鶃與鵝同。顣子六反。鶃五歷反。文公魚一反。他日其母殺是鶃也，與之食之。其兄自外至，曰：「是鶃鶃之肉也。」出而哇之。以母則不食，以妻則食之；以兄之室則弗居，以於陵則居之。是尚爲能充其類也乎？若仲子者，蚓而後充其操者也。」異日母食以鵝。不知是前所頻顣者也。兄疾之。告曰。是鶃鶃之肉也。仲子出門而哇吐之。孟子非其不食於母。而食妻所作屨纑易食也。不居兄室。而居於於陵人所築室也。是尚能充人類乎。如蚓之性。然後可以充其操也。章指言聖人之道親親尚和。志士之操耿介特立。可以激濁。

可常法。是以孟子喻以丘蚓。比諸巨擘

。哇於佳反。文公同音蛙。毋食音嗣

子卷第六

文公下

相臺岳氏刻梓荆谿家塾

八徵耄念之寶
太上皇帝之寶

八徵耄念之寶
太上皇帝之寶

孟子卷第七

離婁章句上

孟子曰。離婁之明。公輸子之巧。不以規矩。不能成方員公輸子。魯班。魯之巧人也。或以爲魯昭公之子。雖天下至巧。亦猶須規矩也。離婁。古之明目者。黄帝時人師曠之聰。不以六律。不能正五音師曠。晉平公之樂大師也。其聽至聰。不用六律。不能正五音。六律。陽律。大蔟。姑洗。蕤賓。夷則。無射。黄鍾也。五音。宫。商。角。徵。羽也堯舜之道。不以仁政。不能平治天下當行仁恩之政。天下乃可平也今有仁心仁聞而民不被其澤不可法於後世者不行先王之道也仁心。性仁也。仁聞。仁聲遠聞也。雖然。猶須行先王之道。使百姓被澤。乃可爲後法也。(聞)音問故曰徒善不足以爲政徒法不能以自行但有善心而不行之。不足以爲政。但有善法度而不施之。法度亦不能獨自行也詩云。不愆不忘。率由舊章。遵先王之法而過者未之有也詩大雅嘉樂之篇。愆。過也。所行不過差矣。不可忘者。以其循用舊故文章。遵用先王之法度。未聞有過也。(嘉)音暇(樂)音洛聖人既竭目力焉。繼之以規矩準繩。以爲方員平直不可勝用也盡己目力。續以四者方員平直。可得而知審。故用之不可勝極也既竭耳力焉繼之以六律正五音不可勝用也音須律而正也既竭心思焉繼之以不忍人之政而仁覆天下矣盡心欲行恩。繼以不忍加惡於人之政。則天下被覆衣之仁也。衣於既反故曰為高必因丘陵為下必因川澤為政不因先王之道可謂智乎言因自然。則用力少而成功多矣是以惟仁者宜在高位不仁而在高位是播其惡於衆也仁者能由先王之道。不仁逆道。則自播揚其惡於衆人也上無道揆也下無法守也朝不信道工不信度君子犯義小人犯刑國之所存者幸也言君無道術可以揆度天意。臣無法度可以守職奉命。朝廷之士不信道德。百工之作不信度量。君子觸義之所禁。謂學士當行君子之道也。小人觸刑。愚人罹於密罔也。此亡國之政。然而國存者僥倖耳。非其道也。○揆度大各反故曰。城郭不完兵甲不多非國之災也田野不辟貨財不聚非國之害也上無禮下無學賊民興喪無日矣言君不知禮。臣不學法度。無以相檢制。則賊民興。亡在朝夕。無復有期日。言國無禮義必亡。○辟音闢。喪文公去聲。詩云。天之方蹶。無然泄泄。泄泄猶沓沓也。事君無義。進退無禮。言則非先王之道者。猶沓沓也。詩大雅板之篇。天。謂王者。蹶。動也。言天方動。女無敢沓沓。但爲非義非禮。背棄先王之道。而不相匡正也。○蹶俱衛反。泄弋制反。沓徒合反。故曰。責難於君謂之恭。陳善閉邪謂之敬。吾君不能謂之賊。人臣之道。當進君於善。責難爲之事。使君勉之。謂行堯舜之仁。是爲恭臣。陳善法以禁閉君之邪心。是爲敬君。言吾君不肖。不能行善。因不諫正。此爲賊其君也。章指言雖有巧智。猶須法度。國由先王。禮義爲要。

不仁在位播越其惡誣君不諫故謂之賊明上下相須而道化行也孟子曰規矩方員之至也聖人人倫之至也至極也人事之善者莫大取法於聖人猶方員須規矩也欲為君盡君道欲為臣盡臣道二者皆法堯舜而已矣堯舜之為君臣道備不以舜之所以事堯事君不敬其君者也不以堯之所以治民治民賊其民者也言舜之事堯敬之至也堯之治民愛之盡也孔子曰道二仁與不仁而已矣暴其民甚則身弒國亡不甚則身危國削名之

離婁上

曰幽厲雖孝子慈孫百世不能改也仁則國安不仁則國危亡。甚。謂桀紂。不甚。謂幽厲。厲王流于彘。幽王滅於戲。可謂身危國削矣。名之。謂謚之也。謚以幽厲。以章其惡。百世傳之。孝子慈孫何能改也。○戲音羲詩云殷鑒不遠在夏后之世此之謂也詩大雅蕩之篇也。殷之所鑒視近在夏后之世耳。以前代善惡爲明鏡也。欲使周亦鑒於殷之所以亡也。章指言法則堯舜。以爲規矩。鑒戒桀紂。避遠危殆。名謚一定。千載而不可改也

孟子曰三代之得天下也以仁其失天下也以不仁國之所以廢興存亡者亦然三代。夏殷周。國。謂公侯之國。存亡在仁與

不仁也天子不仁不保四海諸侯不仁不保社稷卿大夫不仁不保宗廟士庶人不仁不保四體今惡死亡而樂不仁是由惡醉而強酒保安也四體身之四肢強酒則必醉也章指言人所以安莫若為仁惡而弗去患必及身自上達下其道一焉○惡烏故反下同樂音洛卷內皆放此強其丈反孟子曰愛人不親反其仁治人不治反其智禮人不荅反其敬行有不得者皆反求諸己其身正而天下歸之反其仁己仁猶未至邪反其智己智猶未足邪反其敬己敬猶

離婁上

未恭邪。反求諸身。身已正則天下歸就之。服其德也。○治人不治上直之反。將理之義也。下直吏反。已理之義也。後皆放此

詩云。永言配命。自求多福。此詩已見上篇。其義同。章指言行有不得於人。一求諸身。責己之道也。改行飭躬。福則至矣。○行下孟反。文公無音。下改行同

孟子曰。人有恆言。皆曰天下國家。恆。常也。人之常語也。天下。謂天子之所主。國。謂諸侯之國。家。謂卿大夫之家也。○恒文公胡登反

天下之本在國。國之本在家。家之本在身。治天下者。不得良諸侯。無以為本。治其國者。不得良卿大夫。無以為本。治其家者。不得良身。無以為本也。章指言天下國家。各依其本。本正則立。本傾則踣。雖

曰常言。必須敬慎也。孟子曰。爲政不難。不得罪於巨室。巨室。大家也。謂賢卿大夫之家。人所則效者。言不難者。但不使巨室罪之。則善也。巨室之所慕。一國慕之。一國之所慕。天下慕之。故沛然德教溢乎四海。慕。思也。賢卿大夫。一國思隨其所善惡。一國思其善政。則天下思以爲君矣。沛然大洽。德教可以滿溢於四海之內。章指言天下傾心。思慕嚮善。巨室不罪。咸以爲表。德之流行。可以充四海也。○沛普害反

孟子曰。天下有道。小德役大德。小賢役大賢。天下無道。小役大。弱役强。斯二者天也。順天者存。逆

天者亡有道之世。小德小賢。樂爲大德大賢役。服於賢德也。無道之時。小國弱國。畏懼而役於大國强國也。此二者。天時所遭也。當順從之。不當逆也齊景公曰。旣不能令。又不受命。是絕物也。涕出而女於吳齊景公。齊侯。景。謚也。言諸侯旣不能令告鄰國使之進退。又不能事大國往受教命。是所以自絕於物。物事也。大國不與之通朝聘之事也。吳。蠻夷也。時爲强國。故齊侯畏而恥之。泣涕而與爲婚。○令力政反。女去聲。以女妻人曰女今也小國師大國而恥受命焉。是猶弟子而恥受命於先師也今小國以大國爲師。學法度焉。而恥受命教。不從其進退。譬猶弟子不從師也如恥之莫若師文王師文王大國五年小國七年必爲政於天下矣文王行仁政以移殷民之心使皆就之今師效文王大國不過五年小國七年必得政於天下矣文王時難故百年乃洽今之時易文王由百里起今大國乃踰千里過之十倍有餘故五年足以爲政小國差之故七年詩云商之孫子其麗不億上帝既命侯于周服侯服于周天命靡常殷士膚敏祼將于京詩大雅文王篇麗億數也言殷帝之子孫其數雖不但億萬人天既命之惟服於周殷之美士執祼暢之禮將事於京師若微子者膚大敏達也此天命之無常也○祼音灌孔子

曰。仁不可爲衆也。夫國君好仁。天下無敵孔子云。行仁者。天下之衆不能當也。諸侯有好仁者。天下無敵與之爲敵。○好呼報反。下好仁好爲皆同今也欲無敵於天下。而不以仁。是猶執熱而不以濯也。詩云。誰能執熱。逝不以濯詩大雅桑柔之篇。誰能持熱而不以水濯其手。喻爲國誰能違仁而無敵也。章指言遭衰逢亂。屈服强大。據國行仁。天下莫敵。雖有億衆。無德不親。執熱須濯。明不可違仁也孟子曰。不仁者可與言哉。安其危而利其菑。樂其所以亡者。不仁而可與言。則何亡國敗家之

離婁上

有言不仁之人。以其所以爲危者。反以爲安。必以惡見亡。而樂行其惡。如使其能從諫從善。可與言議。則天下何有亡國敗家也。○(菑)音災

有孺子歌曰。滄浪之水清兮。可以濯我纓。滄浪之水濁兮。可以濯我足。孔子曰。小子聽之。清斯濯纓。濁斯濯足矣。自取之也。

孺子童子也。小子孔子弟子也。清濁所用。尊卑若此。自取之。喻人善惡見尊賤乃如此。○(浪)音郎

夫人必自侮。然後人侮之。家必自毀。而後人毀之。國必自伐。而後人伐之。

人先自爲可侮慢之行。故見侮慢也。家先自爲可毀壞之道。故見毀也。國先自

爲可誅伐之政。故見伐也。太甲曰。天作孽。猶可違。自作孽。不可活。此之謂也。已見上篇。說同。章指言人之安危。皆由於己。先自毀伐。人乃攻討。甚於天孽。敬慎而已。如臨深淵。戰戰恐慄也。○孽魚列反

孟子曰。桀紂之失天下也。失其民也。失其民者。失其心也。失其民之心。則天下畔之。簞食壺漿以迎武王之師是也。得天下有道。得其民。斯得天下矣。得其民有道。得其心。斯得民矣。得其心有道。所欲與之聚之。所惡勿施爾也。欲得民心。聚其所欲而與之。爾近也。勿施行其所惡。使民近。則民心

可得矣。○惡烏故反民之歸仁也，猶水之就下，獸之走壙也。故爲淵敺魚者獺也，爲叢敺爵者鸇也，爲湯武敺民者桀與紂也。今天下之君有好仁者，則諸侯皆爲之敺矣。雖欲無王，不可得已。民之思明君，猶水樂埤下，獸樂壙野。敺之則歸其所樂。獺，獱也。鸇，土鸇也。故云諸侯好爲仁者，敺民若此也。湯武行之矣。如有則之者，雖欲不王，不可得也。○走音奏。壙音曠。爲于僞反，下皆同。敺音驅。王文公去聲，下欲王同。獱音頻。今之欲王者，猶七年之病求三年之艾也。苟爲不畜，終身不得苟不志於仁終身憂辱以陷於死亡今之諸侯欲行王道而不積其德如至七年病而却求三年時艾當畜之乃可得以三年時不畜藏之至七年而欲卒求之何可得乎艾可以爲灸人病乾久益善故以爲喻志仁者亦久行之不行之則憂辱以陷死亡桀紂是也詩云其何能淑載胥及溺此之謂也詩大雅桑柔之篇淑善也載辭也胥相也刺時君臣何能爲善乎但相與爲沈溺之道也章指言水性趍下民樂歸仁桀紂之敺使就其君三年之艾蓄而可得一時欲仁猶將沈溺所以明鑒戒也

孟子曰自暴者不可與有言也自棄者不可與有爲也言非禮義

謂之自暴也吾身不能居仁由義謂之自棄也言人尚自暴自棄何可與有言有爲仁人之安宅也義人之正路也曠安宅而弗居舍正路而不由哀哉曠空舍縱哀傷也弗由居是者是可哀傷哉章指言曠仁舍義自暴棄之道也○舍音捨

孟子曰道在邇而求諸遠事在易而求之難人人親其親長其長而天下平邇近也道在近而患人求之遠也事在易而苦人求之難也謂不親其親不事其長故其事遠而難也章指言親親敬長近取諸己則邇而易也○長張丈反

孟子曰居下位而不獲

於上，民不可得而治也。獲於上有道，不信於友，弗獲於上矣。信於友有道，事親弗悅，弗信於友矣。悅親有道，反身不誠，不悅於親矣。誠身有道，不明乎善，不誠其身矣。言人求上之意，先從己始，本之於心，心不正而得人意者，未之有也。是故誠者，天之道也；思誠者，人之道也。至誠而不動者，未之有也；不誠，未有能動者也。授人誠善之性者，天也，故曰天道。思行其誠以奉天者，人道也。至誠則動金石，不誠則鳥獸不可親狎，故曰未有能動者也。章指言事上得君，

乃可臨民。信友悅親。本在於身。是以曾子三省。大雅矜矜。以誠爲貴也

孟子曰。伯夷辟紂居北海之濱聞文王作興曰盍歸乎來吾聞西伯善養老者伯夷讓國。遭紂之世辟之。隱遁北海之濱。聞文王起興王道。盍歸乎來。歸周也。○(辟)文公音避大公辟紂居東海之濱聞文王作興曰盍歸乎來吾聞西伯善養老者大公。呂望也。亦辟紂世。隱居東海曰。聞西伯養老。二人皆老矣。往歸文王也二老者天下之大老也而歸之是天下之父歸之也天下之父歸之其子焉往此二老猶

天下之父也。其餘皆天下之子耳。子當隨父。二父往矣。子將安如。言皆將往也。○焉於虔反。下焉度同。

諸侯有行文王之政者。七年之內。必爲政於天下矣。今之諸侯。如有能行文王之政者。七年之閒。必足以爲政矣。天以七紀。故七年。文王時難。故久。衰周時易。故速也。上章言大國五年者。大國地廣人衆。易以行善。故五年足以治也。章指言養老尊賢。國之上務。文王勤之。二老遠至。父來子從。天之順道。七年爲政。以勉諸侯。欲使庶幾於行善也。

孟子曰。求也爲季氏宰。無能改於其德。而賦粟倍他日。孔子曰。求非我徒也。小子鳴鼓而攻之可也。求。孔子弟子冉求。季氏。魯卿季康子。宰。家臣。小子。弟子也。孔子以冉求不能改季氏使從善。爲之多斂賦粟。故欲使弟子鳴鼓以聲其罪。而攻伐責讓之。曰求非我徒。疾之也由此觀之君不行仁政而富之皆棄於孔子者也況於爲之强戰爭地以戰殺人盈野爭城以戰殺人盈城此所謂率土地而食人肉罪不容於死孔子棄富不仁之君者。況於爭城爭地。而殺人滿之乎。此若率土地使食人肉也。言其罪大。死刑不足以容之。○爲去聲故善戰者服上刑連諸侯者次之辟草萊任土地者次之孟子言天道重生。戰者殺人故使善戰者服上刑上刑重刑也連諸侯合從者也罪次善戰者辟草任地不務脩德而富國者罪次合從連橫之人也章指言聚斂富君棄於孔子冉求行之同聞鳴鼓以戰殺民土食人肉罪不容死以爲大戮重人命之至也○辟音闢任如禁反

孟子曰存乎人者莫良於眸子眸子不能掩其惡眸子目瞳子也存人存在人之善惡也胷中正則眸子瞭焉胷中不正則眸子眊焉瞭明也眊者蒙蒙目不明之貌○瞭音了眊音耄聽其言也觀其眸子人焉廋哉廋匿也聽言察目言正視端人情可見安可匿哉章指言目爲神候精之所在存而察之善惡不隱知人之道

斯爲審矣○廋音搜孟子曰恭者不侮人儉者不奪人。侮奪人之君惟恐不順焉惡得爲恭儉爲恭敬者不侮慢人爲廉儉者不奪取人有好侮奪人之君有貪陵之性恐人不順從其所欲安得爲恭儉之行也○惡音烏恭儉豈可以聲音笑貌爲哉恭儉之人儼然無欲自取其名豈可以和聲諂笑之貌强爲之哉章指言人君恭儉率下移風人臣恭儉明其廉忠侮奪之惡何由干之而錯其心淳于髡曰男女授受不親禮與淳于髡齊人也問禮男女不相親授○與音餘孟子曰禮也禮不親授曰嫂溺則援之以手乎髡曰見嫂溺水則當

以手牽援之否邪○援音爰

曰嫂溺不援是豺狼也

孟子曰人見嫂溺不援出是爲豺狼之心也

男女授受不親禮也嫂溺援之以手者權也

孟子告髡曰此權也權者反經而善也

曰今天下溺矣夫子之不援何也

髡曰今天下之道溺矣夫子何不援之

曰天下溺援之以道嫂溺援之以手子欲手援天下乎

孟子曰當以道援天下而道不得行子欲使我以手援天下乎章指言權時之義嫂溺援手君子大行拯世以道道之指也

公孫丑曰君子之不教子何也

問父子不親教何也

孟子曰勢不

行也教者必以正以正不行繼之以怒繼之以怒則反夷矣夫子教我以正夫子未出於正也則是父子相夷也父子相夷則惡矣父親教子其勢不行教以正道而不能行則責怒之夷傷也父子相責怒則傷義矣一說曰父子反自相非若夷狄也子之心責其父云夫子教我以正道而夫子之身未必自行正道也執此意則爲反夷矣故曰惡也

古者易子而教之父子之閒不責善責善則離離則不祥莫大焉易子而教不欲自相責以善也父子主恩離則不祥莫大焉章指言父子至親相責離恩易子而教

離婁上

相成以仁敎之義也孟子曰事孰爲大事親爲大守孰爲大守身爲大不失其身而能事其親者吾聞之矣失其身而能事其親者吾未之聞也事親養親也守身使不陷於不義也失仁義則何能事父母乎孰不爲事事親事之本也孰不爲守守身守之本也先本後末事守乃立也曾子養曾皙必有酒肉將徹必請所與問有餘必曰有曾皙死曾元養曾子必有酒肉將徹不請所與問有餘曰亡矣將以復

進也此所謂養口體者也若曾子則可謂養志也事親若曾子者可也將徹請所與問曾晳所欲與子孫所愛者也必曰有恐違親意也故曰養志曾元曰無欲以復進曾子也不求親意故曰養口體也事親之道當如曾子之法乃爲至孝也章指言上孝養志下孝養體曾參事親可謂至矣孟子言之欲令後人則曾子也○〔養〕去聲下竝同〔晳〕先歷反〔徹〕直列反〔復〕去聲

孟子曰人不足與適也政不足閒也惟大人爲能格君心之非適過也詩云室人交徧讁我閒非也格正也時皆小人居位不足過責也政教不足復非訧獨得大人爲輔臣乃能正君之非法度也○〔適〕音讁〔閒〕古

離婁上

莧反君仁莫不仁。君義莫不義。君正莫不正。一正君而國定矣。正君之身。一國定矣。欲使大人正之。章指言小人爲政。不足間非。賢臣正君。使握道機。君正國定。下不邪侈。將何間也。孟子曰：有不虞之譽。有求全之毀。虞。度也。言人之行。有不度其將有名譽而得者。若尾生本與婦人期於梁下。不度水之卒至。遂至沒溺。而獲守信之譽。求全之毀。若陳不瞻將赴君難。聞金鼓之聲。失氣而死。可謂欲求全其節。而反有怯弱之毀者也。章指言不虞獲譽。不可爲戒。求全受毀。未足懲咎。君子正行。不由斯二者也。孟子曰：人之易其言也。無責耳矣。人之輕易其言。不得失言之咎責也。一說。

人之輕易不肯諫正君者以其不在言責之位者也章指言言出於身駟不及舌不惟其責則易之矣○易以豉反孟子曰人之患在好爲人師人之所患患於不知己未有可師而好爲人師者惑也章指言君子好謀而成臨事而懼時然後言畏失言也故曰師哉師哉桐子之命不慎則有患矣○桐與童同樂正子從於子敖之齊樂正子見孟子魯人樂正克孟子弟子也從於齊之右師子敖子敖使而之魯樂正子隨之來之齊也孟子在齊樂正子見之也○子敖音遨文公註王驩字孟子曰子亦來見我乎孟子見其來見遲故云亦來也曰先生何爲出此言也樂正子曰先生何爲非克

而出此言曰子來幾日矣孟子問子來幾日乎曰昔者克曰昔者來至昔者往也謂數日之閒也曰昔者則我出此言也不亦宜乎孟子曰昔者來至而今乃來我出此言亦其宜也孟子重愛樂正子欲亟見之思深望重也曰舍館未定克曰所止舍館未定故不即來也館客舍曰子聞之也舍館定然後求見長者乎孟子曰子聞見長者之禮當須舍館定乃見之乎曰克有罪樂正子謝過服罪也章指言尊師重道敬賢事長人之大綱樂正子好善故孟子譏之責賢者備也孟子謂樂正子曰子之從於子敖來徒餔啜也我不意

子學古之道而以餔啜也子敖齊之貴人右師王驩也學而不行其道徒食飲而已謂之餔啜也樂正子本學古聖人之道而今隨從貴人無所匡正故言不意子但餔啜也章指言學優則仕仕以行道否則隱逸免置窮處餔啜沈浮君子不與是以孟子咨嗟樂正子也餔博孤反亦音哺啜昌悅反

○孟子曰不孝有三無後為大於禮有不孝者三事謂阿意曲從陷親不義一不孝也家貧親老不為祿仕二不孝也不娶無子絕先祖祀三不孝也三者之中無後為大舜不告而娶為無後也君子以為猶告也舜懼無後故不告而娶君子知舜告焉不得而娶娶而告父母禮也舜不以告權也故曰猶告與告

同也。章指言量其輕重。無後不可。是以大舜受堯二女。夫三不孝。蔽者所闇。至於大聖。卓然匪疑。所以垂法也。○爲無。去聲

孟子曰。仁之實。事親是也。義之實。從兄是也。智之實。知斯二者弗去是也。事皆有實。事親從兄。仁義之實也。知仁義所用而不去之則智之實也禮之實。節文斯二者是也。樂之實。樂斯二者禮樂之實節文事親從兄使不失其節而文其禮敬之容。而中心樂之也。○樂斯音洛。下同樂則生矣。生則惡可已也。惡可已也。則不知足之蹈之。手之舞之樂此事親從兄出於中心則樂生其中矣。樂生之至。

安可已也。豈能自覺足蹈節手舞曲哉。章指言仁義之本。在於孝弟。孝弟之至。通於神明。況於歌舞不能自知。蓋有諸中形於外也。○惡平聲

孟子曰。天下大悅而將歸己。視天下悅而歸己。猶草芥也。惟舜爲然。舜不以天下將歸己爲樂。號泣于天。不得乎親。不可以爲人。不順乎親。不可以爲子。舜盡事親之道而瞽瞍厎豫。瞽瞍厎豫而天下化。瞽瞍厎豫而天下之爲父子者定。此之謂大孝。舜以不順親意爲非人子。厎。致也。豫。樂也。瞽瞍。頑父也。盡其孝道。而頑父致樂。使天下化之。爲父子之道者定

也。章指言以天下之貴富。爲不若得意於親。故能懷協頑嚚。底豫而欣。天下化之。父子加親。故稱盛德者必百世祀。無與比崇也。○底之爾反

孟子卷第七

離婁上

相臺岳氏刻梓荊谿家塾